0643

DA INIMPUTABILIDADE PENAL

em face do atual desenvolvimento da PSICOPATOLOGIA E DA ANTROPOLOGIA

Conselho Editorial

André Luís Callegari
Carlos Alberto Molinaro
Daniel Francisco Mitidiero
Darci Guimarães Ribeiro
Draiton Gonzaga de Souza
Elaine Harzheim Macedo
Eugênio Facchini Neto
Giovani Agostini Saavedra
Ingo Wolfgang Sarlet
Jose Luis Bolzan de Morais
José Maria Rosa Tesheiner
Leandro Paulsen
Lenio Luiz Streck
Paulo Antônio Caliendo Velloso da Silveira

Dados Internacionais de Catalogação na Publicação (CIP)

S586d Silva, Ângelo Roberto Ilha da

Da inimputabilidade penal em face do atual desenvolvimento da psicopatologia e da antropologia / Ângelo Roberto Ilha da Silva. 2. ed. rev. e atual. – Porto Alegre : Livraria do Advogado Editora, 2015.

146 p. ; 23 cm.

ISBN 978-85-7348-983-5

1. Responsabilidade penal. 2. Responsabilidade penal: Psicologia. I. Título.

CDU – 343.222

(Bibliotecária responsável: Marta Roberto, CRB-10/652)

ÂNGELO ROBERTO ILHA DA SILVA

Professor do Departamento de Ciências Penais da Faculdade de
Direito da Universidade Federal do Rio Grande do sul (UFRGS)
Procurador Regional da República na 4ª Região
Doutor pela Faculdade de Direito da
Universidade de São Paulo (USP)

DA INIMPUTABILIDADE PENAL

em face do atual desenvolvimento da PSICOPATOLOGIA E DA ANTROPOLOGIA

- PSICÓTICOS
- PSICOPATAS
- NEURÓTICOS
- OUTROS CASOS

2ª EDIÇÃO
revista e atualizada

Porto Alegre, 2015

© Ângelo Roberto Ilha da Silva, 2015

Capa, projeto gráfico e diagramação
Livraria do Advogado Editora

Foto da capa
Freeimages (stock.xchng)

Revisão
Rosane Marques Borba

Direitos desta edição reservados por
Livraria do Advogado Editora Ltda.
Rua Riachuelo, 1300
90010-273 Porto Alegre RS
Fone: 0800-51-7522
editora@doadvogado.com.br
www.doadvogado.com.br

Impresso no Brasil / Printed in Brazil

Dedico este livro ao meu pai, FRANCISCO (*in memoriam*), à minha mãe, SUELY, à minha eterna companheira, TERESINHA, e ao meu filho, MATEUS, sobre o qual escrevi na dedicatória de meu primeiro livro ter-nos proporcionado indescritível alegria com sua chegada. Agora, proporciona-nos, ainda (e sempre), renovadas alegrias.

Agradecimentos

Agradeço a Deus, que continua me dando ânimo e graça em todos os meus labores; a todas as pessoas que contribuíram para a consecução deste trabalho; à minha mãe, pelo apoio irrevogável; à Teresinha, pelo companheirismo constante e inabalável;

Ao Mateus, verdadeiro amigo e parceiro;

Aos amigos professores Miguel Reale Júnior, Eduardo Reale Ferrari e Luiz Régis Prado, pelo incentivo e confiança permanentes; aos colegas do Ministério Público Federal; aos colegas da Academia; aos meus alunos, da Faculdade de Direito da UFRGS, com os quais sempre tenho aprendido; ao Dr. Ricardo Holmer Hodara, pela profícua troca de ideias; aos servidores da PRM-Novo Hamburgo, pela dedicação e auxílio a mim prestados; à Marta Roberti, por sua atenção diante de minhas necessidades bibliográficas; ao André Tarouco e à Clair Teresinha Cardoso Porto, pela leitura atenta do texto original.

Prefácio à 2ª edição

Reza a lenda que George Bernard Shaw, por ocasião da estreia de sua mais famosa peça, "Pygmalion", enviou um convite a Winston Churchill, com o sarcasmo que lhe era peculiar: *"Venha e traga um amigo, se tiver..."*. Ao que Churchill prontamente respondeu: *"Impossibilitado de comparecer à estreia, assistirei à segunda encenação, se houver..."*.

Pois bem. Ao contrário da dúvida churchilliana, a segunda edição da presente obra é uma certeza. Assim como as outras que certamente lhe sucederão, seja em razão da primorosa sistematização da matéria, seja pela profundidade das análises nela despendidas, transformando-a em utilíssimo instrumento a ser manejado, tanto pelos profissionais do Direito, como pelos que se iniciam no estudo da ciência penal, em geral, e da culpabilidade, em especial.

O componente diferencial da presente monografia – face à numerosa doutrina que se debruça sobre o fenômeno da imputabilidade – consiste *"no diálogo interdisciplinar que estabelece o autor, consciente da insuficiência do monólogo científico, entre direito, psicologia, psiquiatria e antropologia"*, conforme bem gizado pelo Prof. Aury Lopes Jr., no prefácio à primeira edição.

Foi este o norte enfaticamente declarado pelo autor (*"o Direito é, assim, irrecusavelmente, transdisciplinar!"* – p. 24), fugindo de uma pretensa teoria pura do Direito, superada pelo atual desenvolvimento da dogmática e da prática jurídicas: *"a teoria pura do Direito atinge um alto nível como teoria, mas do ponto de vista prático os seus resultados são pobres"* (Karl Larenz, *Metodologia da ciência do direito*. Fundação Caloustre Gulbenkian, Lisboa, 1969).

Aliás, o fenômeno refoge da cidadela jurídica, visto que a totalidade das ciências sociais reconhece a atual imprescindibilidade de utilização do chamado "pensamento complexo", defendido e amplamente difundido por Edgar Morin. Se é verdade que a doutrina jurídica – e, especialmente, a análise da imputabilidade – deve ao menos tentar acompanhar as céleres e variegadas aquisições científicas no campo das ciências da mente, menos verdadeira não é a advertência de MORIN: *"as ameaças mais graves em que a Humanidade incorre estão ligadas ao progresso cego e descontrolado do conhecimento (armas termonucleares, manipulações de todas espécies, desequilíbrio ecológico etc.)"* (*Introdução ao pensamento complexo*. Instituto Piaget, Lisboa, 2003, p. 14). Em outras palavras, o jurista deve ter sempre presente o teorema de Gödel: *"nenhum sistema é capaz de se auto-explicar totalmente nem de auto-exprimir-se totalmente"* (*op. cit.*, p. 111). Assim, o pensamento simplificador e redutivo deve ceder ao pensamento complexo. É o que vaticinava, em linguagem poética, há quatro séculos, Gregório de Matos: *"O todo, sem a parte, não é todo/A parte, com o todo, não é parte/Mas se a parte o faz todo, sendo parte/Não se diga que é parte, sendo todo"*!

Retornando ao domínio do Direito, é justo reconhecer que, muito antes de Morin, já enfatizava Jean Carbonnier, com a irreverência própria do jurista-sociólogo: *"Le droit est trop humain pour prétendre à l'absolu de la ligne droite. Sinueux, capricieux, incertain, tel il nous est apparu – dormant et s'éclipsant, changeant mais au hazard, et souvent refusant le changement attend, imprévisible par le bon sens comme par l'absurdité"* (*Flexible droit: textes pour une sociologie du droit sans rigueur*. Librairie Générale de Droit et de Jurisprudence, Paris, 1983, p. 6).

Mas a excelência da obra ora prefaciada não reside apenas no aspecto da interdisciplinaridade. Agregue-se ainda o fato de o Prof. Ângelo Roberto Ilha da Silva, além de realizar exemplar síntese da matéria, posicionar-se sempre diante das disputas doutrinárias que enriquecem o estudo da culpabilidade, seja, *verbi gratia*, ao adotar a teoria normativa pura (p. 39), seja ao declarar que a culpabilidade integra o conceito de crime (p. 35), seja ao afirmar que a capacidade penal constitui antecedente lógico em relação ao mero erro de proibição (p. 68).

Não bastasse isso, é impossível silenciar sobre a completa e atualizada bibliografia consultada, nacional e estrangeira. Assim como na primeira tiragem da obra, os fenômenos mentais são descritos precipuamente com amparo no Manual de Diagnóstico e Estatística de Transtornos Mentais (DSM) publicado pela *American Psychiatric Association*, na sua 4ª edição, embora alguns conceitos sejam agora revistos diante da 5ª edição, lançada em 2013. Esta revisão é feita *cum granum salis*, haja vista a crítica que lhe tem sido imputada por ter alargado demasiadamente a abrangência dos transtornos, contribuindo, assim, para a exacerbação do consumo de medicamentos psiquiátricos, fenômeno que tem sido denunciado como a "medicalização da vida comum" (*medicalization of ordinary life*). Sem ingressar na seara médica, o autor indica os tipos de transtornos que acarretam ou não a inimputabilidade ou a semi-imputabilidade.

Para concluir, sinto-me sobejamente honrado ao tecer estas singelas considerações a respeito de tão excelso trabalho doutrinário, fruto da dedicação de um jurista de escol que sabe harmonizar a erudição haurida na vida acadêmica com a realidade fática sobre a qual se debruça diuturnamente na condição de membro do Ministério Público Federal.

Luís Alberto d'Azevedo Aurvalle

Desembargador Federal
Pós-graduado (*Spécialisation Droit Civil*)
pela Universidade de Paris II – Sorbonne)

Prefácio à 1ª edição

É com especial prazer que apresento a mais nova obra de Ângelo Roberto Ilha da Silva, dileto amigo e destacado jurista, intitulada "Da Inimputabilidade Penal em face do Atual Desenvolvimento da Psicopatologia e da Antropologia", cujo título bem reflete a complexa problemática abordada.

Trata-se de uma pesquisa sólida em torno de um dos mais tormentosos problemas da teoria do delito, que é a culpabilidade e as diversas questões a ela relacionadas. Sequer em relação ao conceito existe alguma paz conceitual, não sendo exagero afirmar que a discussão em torno do livre arbítrio é uma questão perene. Por decorrência, os problemas em torno da imputabilidade penal são sempre atuais e, principalmente, dinâmicos, dada a velocidade das pesquisas em neurociência.

Mas, como sói ocorrer, a velocidade do direito é distinta e não acompanha a dinâmica das demais ciências, gerando graves paradoxos.

O grande valor desta obra está no diálogo interdisciplinar que estabelece o autor, consciente da insuficiência do monólogo científico, entre direito, psicologia, psiquiatria e antropologia. Partindo disso, é possível criar uma nova linguagem, capaz de dar conta (ou, pelo menos, ter mais suficiência) da complexidade do tema, que não mais pode ser tratado pela via limitada e às vezes obtusa do direito penal.

Da introdução elaborada pelo autor, extraímos um trecho que lucidamente situa a obra: "(...) não cabe ao Direito, enquanto ciência, ter pretensões definitivas independentemente de seu tempo e de seu contexto, enclausurando-se em um sistema hermético. A Ciência Jurídica constitui-se em Ciência da Razão Prática, e deve ter em conta a concretude dos problemas na busca de soluções, sempre tendo em conta as conquistas havidas e, para nós, particularmente, as conquistas da Antropologia e das Ciências da Mente. O Direito é, assim, irrecusavelmente, transdiciplinar!".

Por fim, mais do que uma grande obra, estamos diante de um grande jurista. Ângelo Ilha é Doutor em Direito pela Faculdade de Direito do Largo do São Francisco, da Universidade de São Paulo – USP (2001) –, tendo sido professor na Faculdade de Direito da Pontifícia Universidade Católica do Rio Grande do Sul (PUCRS) e na Universidade do Vale do Rio dos Sinos (Unisinos). Atualmente, é professor convidado no Programa de Pós-Graduação em Direito Penal da Universidade Federal do Rio Grande do Sul (UFRGS), além de professor da Universidade Luterana do Brasil (Ulbra), da Escola Superior do Ministério Público da União (ESMPU) e da Escola Superior da Magistratura Federal (ESMAFE). Para além de tudo isso, é um Procurador da República profundamente comprometido com os valores constitucionais e democráticos, o que só enaltece sua obra e seu trabalho.

Saiba o leitor que tem em mãos uma obra diferenciada e que merece ser lida de capa a capa.

Aury Lopes Jr.

Advogado Criminalista
Doutor em Direito Processual Penal pela Universidad Complutense de Madrid
Professor Titular de Direito Processual Penal da PUCRS
Professor no Programa de Pós-Graduação – Doutorado, Mestrado e Especialização – em Ciências Criminais da Pontifícia Universidade Católica do Rio Grande do Sul – PUCRS
Coordenador do Curso de Especialização em Ciências Penais da PUCRS
Membro do Conselho Diretivo para Iberoamérica da Revista de Derecho Procesal – Madrid/Espanha Pesquisador Produtividade em Pesquisa do CNPq
www.aurylopes.com.br

Nota do autor à 2ª edição

A 2ª edição do livro *Da Inimputabilidade Penal em face do Atual Desenvolvimento da Psicopatologia e da Antropologia* é resultado da generosa acolhida tanto pelos profissionais como pelos estudantes de Direito.

Relativamente à 1ª edição, recebi diversos contatos enaltecendo a obra, o que só nos estimula a continuar laborando. Chegou a ser mesmo comovente, além de outros, *v. g.*, o contato feito pelo professor Roque de Brito Alves, o qual envidou esforços para encontrar meu número de telefone e fazer tantas considerações elogiosas que me deixaram – a um tempo – surpreso, pela veemência dos elogios, e tocado em contentamento.

Nesta nova edição, procedi a uma atualização bibliográfica, a algumas necessárias correções, bem como a alguns acréscimos, sendo que o DSM-IV-TR continua sendo o principal referencial do livro. Relativamente ao DSM-5, publicado em 2013, pode-se afirmar que as alterações trazidas por essa nova edição do Manual de Diagnósticos não tiveram uma repercussão muito abrangente no que de essencial apresenta a primeira edição do livro *Da Inimputabilidade*.

Impende salientar que concordo com a crítica feita por Allen Frances (*Chair of DSM-IV Task Force*), em seu livro *Saving Normal*, New York: Ed. William Morrow, 2013, segundo a qual o DSM-5 alargou demasiadamente a abrangência dos transtornos. Tanto é assim que o subtítulo do livro de Frances é justamente "*An Insider's Revolt Against Out-of-Control Psychiatric Diagnosis, DSM-5, Big Pharma and the Medicalization of Ordinary Life*".

Aponta-se que este último DSM está muito influenciado pelos interesses dos psicofármacos e dos grandes laboratórios. Em suma, o DSM-5 atua como uma espécie de fábrica de doenças mentais e traz como consequência uma tendência ao incremento ao consumo de medicamentos psiquiátricos, apresentando, por outro lado, fragilidade no plano científico. Um exemplo disso é a patologização do luto (*mourning*), que se insere na ampliação dos transtornos de depressão. Frances faz essa crítica, corretamente, nas págs. 186-188 de seu livro.

Assim, como acima afirmado, o DSM-IV-TR, continua sendo o principal referencial do livro *Da Inimputabilidade Penal*, sendo que as atualizações havidas no DSM-5 foram mencionadas na 2ª edição de meu livro quando se mostraram pertinentes. A título de exemplo, o DSM-5 procedeu a duas modificações no Critério A para esquizofrenia, mas isso é irrelevante para meu livro, já que não faço um detalhamento exaustivo de cada transtorno, para isso o leitor pode se valer da literatura mais específica. Eu me restrinjo a indicar que tipos de transtornos acarretam ou não a inimputabilidade ou semi-imputabilidade e procuro especificar de forma não exaustiva o motivo, como, *v. g.*, o fato de proporcionar delírio ou alucinação.

Porém, menciono as atualizações trazidas pelo último *Manual* quando for o caso e tiver pertinência para o livro *Da Inimputabilidade*, como, por exemplo, o fato de o DSM-IV-TR utilizar a expressão *retardo mental* (*mental retardation*) e o DSM-5 adotar o termo *deficiência intelectual* (*transtorno do desenvolvimento intelectual*) ou, no inglês, *intellectual disability* (*intellectual developmental disorder*), visto que este passou, segundo indica o próprio DSM-5, a ser de uso comum nas duas últimas décadas entre os profissionais de Medicina, da Educação e outros profissionais e pelo público leigo e grupos de apoio.

Em suma: penso que em substância continua sendo válida a contribuição do DSM-IV, retendo o que é bom com relação ao DSM-5, sem desconsiderar seus exageros na patologização exacerbada da sociedade.

Por derradeiro, espero que a 2ª edição ora ofertada ao público possa continuar a contribuir para o estudo dos acadêmicos de Direito e também para os profissionais, com a expressão de gratidão pela acolhida e críticas recebidas dos leitores, bem como com os agradecimentos à Editora Livraria do Advogado, o que faço na pessoa de Walter Abel Filho.

Sumário

Abreviaturas

AC	– Apelação Criminal
Art.	– Artigo
BMJ	– Boletim Mensal de Jurisprudência do Tribunal de Alçada Criminal de São Paulo
CID-10	– The ICD-10 Classification of Mental and Behavioural Disorders-10 (Classificação de Transtornos Mentais e de Comportamento da CID-10)
CP	– Código Penal
DSM	– Diagnostic and Statistical Manual of Mental Disorders (Manual Diagnóstico e Estatístico de Transtornos Mentais)
ECA	– Estatuto da Criança e do Adolescente
ESMAFE	– Escola Superior da Magistratura Federal
ESMPU	– Escola Superior do Ministério Público da União
HC	– *Habeas Corpus*
IPFMC	– Instituto Psiquiátrico Forense Maurício Cardoso
LCP	– Lei das Contravenções Penais
LEP	– Lei de Execuções Penais
RTJ	– Revista Trimestral de Jurisprudência
TJ	– Tribunal de Justiça
TACRIM	– Tribunal de Alçada Criminal
TPAS	– Transtorno de Personalidade Antissocial

Introdução

O problema da culpabilidade ressoa como um dos problemas centrais no âmbito da teoria do delito. São muitas as tensões em torno do estabelecimento de seu conceito, bem assim de seu fundamento material.

A seu turno, o estudo da imputabilidade penal – e sua exclusão: a inimputabilidade –, enquanto pressuposto da culpabilidade, para alguns (Hans Welzel, Günter Stratenwerth, José Cerezzo Mir, Heleno Cláudio Fragoso, Francisco de Assis Toledo), ou elemento dessa (Giuseppe Bettiol, Juarez Cirino dos Santos, Luiz Régis Prado), para outros, ou, ainda, pressuposto da própria ação, do comportamento humano (Miguel Reale Júnior), também constitui tema longe de apresentar um quadro doutrinário uniforme. "Il problema della capacità", nas palavras de Giuseppe Bettiol,[1] "è uno dei nodi centrali del diritto penale e ha formato oggetto di ampie discussioni nella doutrina".

Na verdade, o estudo da imputabilidade faz-se fundamentalmente por meio de sua antítese que é a inimputabilidade, com seus diversos fatores determinantes: doença mental, menoridade, embriaguez, dentre outros.

O fato que nos motivou proceder a esta investigação consistiu na constatação que fizemos, particularmente em face da ministração de nossas aulas de Direito Penal, de que a doutrina jurídica pouco avançou no que tange ao problema da inimputabilidade, sobretudo em face das aquisições científicas no campo das ciências da mente.

Percebemos, ademais, a importância, para situar o leitor, de alguns esclarecimentos. À guisa de exemplo,[2] observe-se que muitos atribuem a Sigmund Schlomo Freud (1856-1939), neurologista

---

[1] BETTIOL, Giuseppe; MANTOVANI, Luciano Pettoello. *Diritto Penale*. 12ª ed. Padova: CEDAM, 1986, p. 455.

[2] Consulte-se: ELLENBERGER, Henri F. *Histoire de la Découverte de L'Inconscient*. Trad. de l'anglais par Joseph Feisthauer. Paris: Libraire Arthème Fayard, 1994, *passim*.

e psiquiatra vienense, a descoberta do inconsciente, quando, na realidade, Friedrich Nietzsche (1844-1900), Gustav Theodor Fechner (1801-1887), Johann Friedrich Herbart (1776-1841), Theodor Hermann Meynert (1833-1891), dentre outros, já trabalhavam com a ideia de inconsciente, além de investigações sobre sonhos e patologia sexual, anterior ou concomitantemente ao autor austríaco. O mérito de Freud foi, por assim dizer, proceder a uma espécie de consolidação e sistematização de um conhecimento de uso comum, porém difuso, existente já no curso do século XIX. Além disso, muito do que se escreveu pautou-se em suposições, diante dos limitados recursos da época. O próprio inconsciente e os complexos não constituem causa subjacente a todos os males, como já se acreditou. E isso, é claro, repercutiu, na *praxis* jurídica, a ponto de encontrarmos decisões do tipo: "Não existe a menor dúvida de que o homossexual é um psicopata, ou seja, indivíduo que, em virtude de mórbida condição mental, tem modificada a juridicidade de seus atos e de suas relações sociais".[3] Ou, ainda, a crença de que os indígenas teriam déficit mental.

Por outro lado, é de se ter em conta os recentes avanços obtidos na área das ciências da mente. O eletroencefalograma, que tanta contribuição trouxe à psiquiatria e à neurologia, esclarecendo problemas como a epilepsia do lobo temporal, surgiu somente em 1929. A tomografia computadorizada remonta ao final da década de 1970. Para se ter uma leve ideia dos avanços científicos, é de se referir a descoberta segundo a qual os denominados "neuróticos" poderiam ser até mesmo epiléticos focais e conscientes, fato que era desconhecido no século XIX, nosologia que, segundo a teoria freudiana, era tida, equivocadamente – se bem que justificada, tendo em conta seu contexto histórico –, como "histeria". Hoje em dia é sabido que se pode controlar em grande parte as epilepsias com medicamentos adequados, e não com divã.

Isso mencionamos na intenção de demonstrar como as coisas avançaram desde o século XIX até o final do século XX.

Assim, pareceu-nos importante compulsar autores da Psiquiatria e da Psicologia no escopo de delinearmos, do ponto de vista penal, o problema da inimputabilidade, valendo-nos das aquisições científicas mais recentes.

Além disso, não só no campo das mencionadas ciências da mente, mas também no âmbito da Antropologia, mostrava-se necessária

[3] FRANCO, Alberto Silva *et al. Código Penal e sua Interpretação Jurisprudencial – Parte Geral*. 7ª ed. São Paulo: Revista dos Tribunais, 2001, v. 1, p. 438.

uma investigação que laborasse, de modo adequado e atualizado, do problema da capacidade penal do indígena (indevidamente tido como anormal) e do surdo (indevidamente, do ponto de vista científico, denominado surdo-mudo).

Tendo em conta essas necessárias revisões, iniciamos por delinear o conceito de crime adotado e a compreensão da culpabilidade como requisito estrutural do delito para, nesse contexto, situar a imputabilidade, a qual, sendo negada, resultará, consoante concepção por nós adotada, na desconfiguração do próprio delito. É dizer: se na ausência da imputabilidade não há culpabilidade, na ausência desta, não subsiste, por sua vez, a figura delituosa. Pensamos ser esse o entendimento mais consentâneo com o Estado Democrático de Direito.

Após fazermos referência a esses conceitos, tratamos, de forma breve, dos sistemas de constatação ou de concepção da imputabilidade: o biológico, o psicológico e o biopsicológico, fazendo alguma referência histórica.

Nas linhas seguintes, examinamos o problema da capacidade penal na experiência estrangeira, notadamente em países, além-mar, que exerceram ou exercem alguma influência em nossa legislação, em nossa doutrina e, por via reflexa, em nossa jurisprudência. Também não deixamos de lançar o olhar a alguns países vizinhos, referindo o tratamento legal por eles dispensado à matéria.

Na sequência, passamos a tratar das hipóteses nosológicas conforme dispõe o Código Penal, tais como doença mental, desenvolvimento mental incompleto, retardado e assim por diante, verificando as subespécies enquadráveis nas diversas hipóteses. Fazemos, ademais, referência ao tratamento legal da emoção e da paixão. Nesse ponto, a investigação mostra-se essencialmente criminológica.

Depois, fazemos uma aproximação com as consequências legais quando da prática de fato típico por inimputável, cuja regra geral é a medida de segurança, perspectiva, agora, de caráter dogmático. Relativamente à medida de segurança, pareceu-nos bem situar o leitor na perspectiva histórica, desde o tempo do monopólio da pena privativa de liberdade aos imputáveis e do sistema duplo binário imposto aos que apresentassem periculosidade, até a superação de tal concepção, com a assunção a um lugar de destaque das penas alternativas e do sistema vicariante em detrimento do malfadado sistema dualista.

Ademais, tratamos sobre a natureza das medidas de segurança, princípios, pressupostos de aplicação, espécies e sistemática do

Código Penal, bem como a execução de tais medidas, consoante disciplina da Lei das Execuções Penais.

Procedemos, ao final, a comentários a dois delitos em espécie: o infanticídio – e a problemática envolvendo o psiquismo da parturiente – e o estupro contra vítimas vulneráveis, inovação legislativa relativa a vítimas do referido delito a quem falta capacidade para consentir com o ato sexual.

O trabalho ora apresentado não possui pretensões de oferecer a última palavra em qualquer dos pontos tratados, mas busca, isso sim, problematizar matérias que há muito reclamavam ser revisitadas, sobretudo em face dos avanços que antes mencionamos.

Estamos com A. Castanheira Neves[4] quando afirma que uma *boa* interpretação "é antes aquela que numa perspectiva prático-normativa utiliza bem a norma como critério da justa decisão do problema concreto". Queremos com isso dizer que não cabe ao Direito, enquanto ciência, ter pretensões definitivas independentemente de seu tempo e de seu contexto, enclausurando-se em um sistema hermético. A Ciência Jurídica constitui-se em Ciência da Razão Prática, e deve ter em conta a concretude dos problemas na busca de soluções, sempre tendo em conta as conquistas havidas e, para nós, particularmente, as conquistas da Antropologia e das Ciências da Mente. O Direito é, assim, irrecusavelmente, transdisciplinar!

Por derradeiro, impende salientar que o estudo se faz com atenção à Constituição Federal, com suas consequências constituidoras, tais como a indeclinabilidade da dignidade da pessoa humana, a observância dos direitos fundamentais, dos princípios e das garantias decorrentes do Estado Democrático de Direito.

[4] CASTANHEIRA NEVES. A. *Metodologia Jurídica – Problemas Fundamentais*. Coimbra: Coimbra Editora, 1993, p. 84.

1. A inimputabilidade penal no contexto normativo

A dogmática penal é construída a partir do direito posto. É com base nos textos legais estabelecidos que se fixarão os institutos e as soluções legais a eles conferidas. Assim, para cumprir a tarefa de proceder-se ao exame da inimputabilidade penal e das consequências jurídicas que recairão ao agente de fato previsto como crime, há que se delimitar o conceito de crime adotado, bem como a localização sistemática da imputabilidade para, só então, chegar-se à inimputabilidade e suas consequências jurídicas. Como sustenta Eugenio Raúl Zaffaroni,[5] a localização sistemática e o conceito de imputabilidade são questões conectadas, ao ponto de ser impossível falar de uma sem fazer referência a outra.

Entrementes, convém esclarecer que a noção de responsabilidade penal não se confunde com a de imputabilidade. A primeira decorre (também) desta. Luigi Ferrajoli[6] conceitua "responsabilidade penal como o conjunto das condições normativamente exigidas para que uma pessoa seja sujeita à pena", tais como pena, delito, lei, necessidade, ofensa, ação, culpabilidade, juízo, acusação, prova e defesa. Ora, sendo a culpabilidade (dentre outras) condição à responsabilidade penal e sendo a imputabilidade elemento (ou pressuposto) da própria culpabilidade, tem-se que a imputabilidade constitui uma dentre as condições para que haja a responsabilidade penal. A imputabilidade distingui-se da responsabilidade por ser antecedente lógico desta última ou, noutras palavras, pelo fato de somente poder haver responsabilização penal se o agente delituoso for imputável.

---

[5] ZAFFARONI, Raúl Eugenio. *Derecho Penal – Parte General*. 2ª ed. Buenos Aires: Ediar, 2002, p. 691.

[6] FERRAJOLI, Luigi. *Diritto e Ragione – Teoria del Garantismo Penal*. 4ª ed. Roma-Bari: Laterza, 1996, p. 67.

2. O conceito analítico de crime

O crime pode ser conceituado sob várias perspectivas, sendo mais frequente a conceituação formal, a material e a dogmática, também chamada de analítica ou, ainda, operacional. Esta última revela maior interesse/utilidade, pois trata de estabelecer os requisitos da infração penal, visando a fornecer uma visão estratificada do fato punível, de modo a proporcionar um tratamento sistemático/científico e a obtenção de soluções jurídicas adequadas em face do fato-crime, o qual, não obstante constitua um fenômeno único, no estudo de suas principais características, de forma separada, proporciona uma melhor compreensão tanto para fins de aprimoramento da Ciência Penal, propiciada pelo debate, quanto para fins práticos, de aplicação da lei penal, visto que a Ciência do Direito Penal se constitui em Ciência da Razão Prática. Como ensina Claus Roxin,[7] a Dogmática Penal ocupa-se da interpretação, sistematização, elaboração e desenvolvimento das disposições legais, tendo em conta as manifestações doutrinárias. Nas palavras de Miguel Reale Júnior,[8] "os operadores da Administração da Justiça Criminal interpretam e aplicam as normas penais segundo uma compreensão da estrutura do delito, pois as categorias jurídicas é que viabilizam a compreensão da lei, categorias a se construir com um sistema que se explica a si próprio (...)".

O conceito formal tem como foco de referência exclusivamente a lei penal, consoante se extrai do ensinamento sempre preciso de Anibal Bruno: "Crime é todo fato que a lei proíbe sob a ameaça de uma pena. Por meio de fórmulas desse gênero, estritamente jurídicas, sintéticas e formais é que se define geralmente o fato punível; por meio dessas ou de outras aproximadas, como aquela de Carmignani, que ainda hoje se repete, dizendo-se que o crime é o fato humano contrário à lei".[9] Assim, desde logo, evidencia-se a insuficiência da definição formal, dado o seu caráter essencialmente tautológico ao expressar o conceito de *crime como sendo aquilo que a lei diz que é*. Já o conceito material vê no crime o fato humano (ação ou omissão) voluntário vulnerador de um bem jurídico, efetiva (lesão) ou potencialmente (perigo). "Há implícito", consoante asseverava

---

[7] ROXIN, Claus. *Strafrecht Allgemeiner Teil.* 4ª ed. München: Beck, 2006, v. I, p. 194.

[8] REALE JÚNIOR, Miguel. *Instituições de Direito Penal – Parte Geral.* 2ª ed. Rio de Janeiro: Forense, 2004. v. I, p. 127.

[9] BRUNO, Anibal. *Direito Penal.* 3ª ed. Rio de Janeiro: Forense, 1978, t. I, p. 281.

José Frederico Marques,[10] "assim, em tôda norma penal incriminadora, um *juízo de valor*, de que resulta a cominação de pena para determinados atos contrários a um 'bem' que a ordem jurídica deve garantir. Daí decorre que o crime, em sentido substancial, pode ser definido, ainda, como a lesão de um bem jurídico penalmente tutelado, uma vez que essa tutela descansa justamente no juízo de valor que considerou delituosa determinada conduta em razão de estar em antagonismo com interêsses vitais da coletividade". Como se observa, o conceito material se, por um lado, possui o mérito de buscar estabelecer um conteúdo material à noção de delito, ou seja, estabelecendo sua *mens legis*, por outro, também revela-se insuficiente na medida em que se furta em proceder a uma análise de cunho compreensivo e sistemático. Portanto, é o conceito analítico que se mostra apto a fornecer uma contribuição tanto dogmática quanto prática, constituindo, assim, um conceito científico e operacional.

Sob essa perspectiva, o crime, em sua concepção amplamente majoritária e aceita no seio jurídico, constitui-se no *comportamento humano típico, ilícito e culpável*, é dizer, o comportamento humano, consistente em uma ação ou omissão, com os qualitativos da tipicidade, da ilicitude e da culpabilidade. Esse entendimento, no entanto, ulteriormente foi posto em causa, a partir de René Ariel Dotti, que em seu escrito intitulado *O Incesto*, de 1976, trabalho produzido face à inovação delituosa trazida pelo Código Penal de 1969,[11] que não chegou a vigorar, veio pela primeira vez a defendê-lo, sendo depois aderido por Damásio E. de Jesus, que, com o seu livro *Direito Penal*, veio a divulgar a ideia segundo a qual a culpabilidade seria mero pressuposto de pena, e não requisito do crime. Assim, segundo esse entendimento, o crime seria o comportamento humano típico e ilícito (ou antijurídico), sendo a culpabilidade "mero" pressuposto de pena, e não requisito constitutivo do fato criminoso.

---

[10] MARQUES, José Frederico. *Tratado de Direito Penal.* 2ª ed. São Paulo: Saraiva, 1965, v. II, p. 4.

[11] O Código Penal de 1969 (Dec.-Lei nº 1.004, de 21 de outubro de 1969) jamais foi aplicado, tendo sido revogado pela Lei nº 6.578, de 11.10.1978, após sucessivas protelações de sua vigência. Sobre a evolução legislativa que antecedeu a reforma de 1984 e as vicissitudes engendradas em torno do CP de 1969 leia-se REALE JÚNIOR, Miguel *et al. Penas e Medidas de Segurança no Novo Código*, p. 1 e ss. Eis a dicção do então novel delito de incesto: TÍTULO VII – *DOS CRIMES CONTRA A FAMÍLIA.* Capítulo I. *Do crime contra a moral familiar. Incesto:* "Art. 258. Ter conjunção carnal com descendente ou ascendente, com irmã ou irmão, se o fato não constitui crime definido no Título anterior:
Pena – reclusão, até três anos. *Agravação de pena.*
Parágrafo único – A pena é agravada, se o crime for praticado em relação a menor de dezoito ano".

A respeito da retirada (ou não) da culpabilidade do conceito de crime, examinaremos no próximo tópico as posições discrepantes, bem como envidaremos lograr algum aporte a partir do qual buscaremos situar nossa posição.

3. A culpabilidade como requisito estrutural do crime

Diferentemente da maioria dos autores que contribuíram para a formação doutrinária sob a égide da Parte Geral original do Código Penal de 1940, Nelson Hungria[12] incluía a punibilidade no conceito analítico de delito, mas isso em nada alterava a concepção de culpabilidade no contexto da visão causal naturalista então vigente. Para ele, o crime constituía-se em fato típico, injurídico,[13] culpável e punível. Por outro lado, os principais autores que se ocuparam em comentar o Código nos primeiros anos de vigência do estatuto substantivo viam no crime o comportamento humano voluntário, típico, ilícito (antijurídico) e culpável. O mesmo ocorre com autores mais recentes. Esse entendimento corresponde às lições de Anibal Bruno,[14] José Frederico Marques,[15] E. Magalhães Noronha,[16] Manoel Pedro Pimentel,[17] Heleno Cláudio Fragoso,[18] Luiz Luisi,[19] Paulo José da Costa Jr.,[20] João Mestieri,[21] Juarez Tavares,[22] Miguel Reale Júnior,[23]

---

12 HUNGRIA, Nelson. *Comentários ao Código Penal.* 5ª ed. Rio de Janeiro: Forense, 1978, v 1. t. II, p. 9.

13 Expressão que penalista utilizava como sinônimo de ilicitude ou antijuridicidade.

14 BRUNO, Anibal. *Direito Penal.* 3ª ed. Rio de Janeiro: Forense, 1978, t. I, p. 288-289.

15 MARQUES, José Frederico. *Tratado de Direito Penal.* 2ª ed. São Paulo: Saraiva, 1965, v. II, p. 9.

16 NORONHA, E. Magalhães. *Direito Penal.* 25ª ed. São Paulo: Saraiva, 1987. v. 1, p. 94.

17 PIMENTEL, Manoel Pedro. *O Crime e a Pena na Atualidade.* São Paulo: Revista dos Tribunais, 1983, p. 48.

18 FRAGOSO, Heleno Cláudio. *Lições de Direito Penal – Parte Geral.* 12ª ed. rev. e atual. por Fernando Fragoso. Rio de Janeiro: Forense, 1990, p. 146.

19 LUISI, Luiz. *O Tipo Penal, a Teoria Finalista e a Nova Legislação Penal.* Porto Alegre: Sergio Antonio Fabris, 1987, p. 131.

20 COSTA JR., Paulo José da. *Comentários ao Código Penal.* 3ª ed. São Paulo: Saraiva, 1989. v. 1, p. 172.

21 MESTIERI, João. *Manual de Direito Penal.* Rio de Janeiro: Forense, 1999, p. 106.

22 TAVARES, Juarez. *Teorias do Delito.* São Paulo: Revista dos Tribunais, 1980, p. 109.

23 REALE JÚNIOR, Miguel. *Instituições de Direito Penal.* 2ª ed. Rio de Janeiro: Forense, 2004, v. I, p. 147.

Juarez Cirino dos Santos,[24] Luiz Régis Prado,[25] Cezar Bitencourt,[26] Eugenio Raúl Zaffaroni,[27] José Henrique Pierangeli,[28] André Callegari,[29] Cláudio Brandão,[30] Paulo Queiroz,[31] Fábio Guedes de Paula Machado,[32] Ângelo Ilha da Silva,[33] Davi de Paiva Costa Tangerino,[34] Luís Augusto Freire Teotônio,[35] Fernando Galvão e Rogério Greco,[36] dentre outros.

Os autores dos primeiros anos de vigência do nosso Código Penal consideravam a culpabilidade com requisito do delito por verdadeira imposição lógica da concepção causal naturalista do fato punível, visto que o crime era dividido em parte objetiva, que compreendia o tipo penal e a ilicitude ou antijuridicidade, e em parte subjetiva, correspondente à culpabilidade. Essa ideia fica evidente em Nelson Hungria:[37] "O fato típico e a culpabilidade constituem, respectivamente, o *elemento material* (exterior, objetivo) e o *elemento moral* (psíquico, subjetivo) do crime (...)". No entanto, apesar de o tipo penal constituir, inicialmente, *tão somente* o aspecto objetivo do delito, após a descoberta de elementos subjetivos do tipo e também de elementos normativos em alguns tipos incriminadores, a doutrina adepta do naturalismo causal passou a admitir a existência de

---

[24] SANTOS, Juarez Cirino dos. *A Moderna Teoria do Fato Punível*. 4ª ed. Rio de Janeiro: ICPC/Lumen Juris, 2005, p. 198-199.

[25] PRADO, Luiz Regis. *Curso de Direito Penal Brasileiro – Parte Geral*. 8ª ed. São Paulo: Revista dos Tribunais, 2008, v. 1, p. 234-235.

[26] BITENCOURT, Cezar Roberto. *Teoria Geral do Delito: Uma Visão Panorâmica da Dogmática Penal Brasileira*. Coimbra: Coimbra Editora, 2007, p. 286 e ss.

[27] ZAFFARONI, Eugenio Raúl; PIERANGELI, José Henrique. *Manual de Direito Penal – Parte Geral*. 5ª ed. São Paulo: Revista dos Tribunais, 2004, p. 371-372.

[28] PIERANGELI, José Henrique. *Escritos Jurídico-Penais*. 3ª ed. São Paulo: Revista dos Tribunais, 2006, p.15.

[29] CALLEGARI, André Luís. *Teoria Geral do Delito*. Porto Alegre: Livraria do Advogado, 2005, p. 125.

[30] BRANDÃO, Cláudio. *Teoria Jurídica do Crime*. 2ª ed. Rio de Janeiro: Forense, 2002, p. 12 e 14.

[31] QUEIROZ, Paulo. *Direito Penal – Parte Geral*. 5ª ed. São Paulo: Saraiva, 2009, p. 156.

[32] MACHADO, Fábio Guedes de Paula. *Culpabilidade no Direito Penal*. São Paulo: Quartier Latin, 2010, p. 243-247.

[33] SILVA, Ângelo Roberto Ilha da Silva. *Dos Crimes de Perigo Abstrato em face da Constituição*. São Paulo: Revista dos Tribunais, 2003, p. 129 e ss. Vide ainda, dentre outros trabalhos do autor o artigo: A Culpabilidade como Requisito de Crime, a Dignidade da Pessoa Humana e os Direitos Fundamentais, publicado na *Revista da Ajuris* nº 105, de março de 2007, p. 49-62.

[34] TANGERINO, Davi de Paiva Costa. *Culpabilidade*. 2ª ed. São Paulo: Saraiva, 2014, p. 20.

[35] TEOTÔNIO, Luís Augusto Freire. *Culpabilidade – Concepções e Modernas Tendências Internacionais e Nacionais*. Campinas: Minelli, 2002, p. 29 e ss.

[36] GALVÃO, Fernando; GRECO, Rogério. *Estrutura Jurídica do Crime*. Belo Horizonte: Mandamentos, 1999, p. 31.

[37] HUNGRIA, Nelson. *Comentários ao Código Penal*. 5ª ed.. Rio de Janeiro: Forense, 1978, v 1. t. II, p. 9.

tipos com tais elementos, os quais não eram puramente descritivos, ao que se convencionou denominar de tipos anormais, porquanto, consoante lição de Anibal Bruno,[38] o "tipo é por definição a fórmula descritiva das circunstâncias objetivas do crime" (...). E, mais: "Vemos, então, em certas construções de tipo elementos normativos, que implicam uma consideração do ilícito, e, ao lado de elementos puramente objetivos, elementos subjetivos, que pertencem também à culpabilidade". Por sua vez, asseverava Magalhães Noronha:[39] "São esses elementos que dão estrutura aos tipos de mera descrição objetiva, tipos *normais*, consoante Asúa. Outros elementos, entretanto, existem que, às vezes, aparecerem, tirando ao tipo sua característica objetiva e descritiva. São elementos subjetivos do injusto e normativos, que informam os tipos *anormais*, ainda segundo o mesmo autor". Em suma: para os causalistas, a culpabilidade era o "lado" subjetivo do delito, estando o *dolo* e a *culpa* nela compreendidos. Dessa forma, mostrava-se inimaginável o delito sem culpabilidade, pois isso significaria conceber o delito sem dolo e culpa.

Como se vê, para os autores causalistas, a culpabilidade é a própria essência subjetiva do delito, não sendo possível haver crime sem culpabilidade, a menos que se admitisse crime sem dolo ou culpa. Como ilustres remanescentes da concepção causal naturalista do delito, estão Paulo José da Costa Jr. e José Cirilo Vargas. Com efeito, escreve o primeiro: "São três, consequentemente, os elementos da culpabilidade: *a*) como pressuposto, a imputabilidade, que possibilita ao agente saber que o fato que pratica é contrário ao dever; *b*) o elemento psicológico-normativo, que estabelece o nexo entre a conduta e o evento, sob forma de dolo ou de culpa; *c*) a exigibilidade, nas circunstâncias concretas que rodeiam e condicionam o fato, de um comportamento conforme o dever".[40] A posição do segundo autor também é clara: "Continuamos acreditando no dogma causal".[41] Ou ainda: "Não receando, de modo algum, eventual confronto com a modernidade, e tampouco correr o risco de ter de pagar o preço da imprecisão científica, avaliamos, tal como o fizemos desde o final dos anos 70, em trabalho acadêmico, que a ação é um movimento corporal voluntário que pode, ou não, provocar uma modificação do mundo exterior. Estamos, evidentemente, sujeitos às maiores críticas, mas não ficamos a cavaleiro de nenhuma delas.

---

[38] BRUNO, Anibal. *Direito Penal.* 3ª ed. Rio de Janeiro: Forense, 1978, t. I, p. 343.

[39] NORONHA, E. Magalhães. *Direito Penal.* 25ª ed. São Paulo: Saraiva, 1987. v. 1, p. 96.

[40] COSTA JR., Paulo José da. *Comentários ao Código Penal.* 3ª ed. São Paulo: Saraiva, 1989. v. 1, p. 170.

[41] VARGAS, José Cirilo de. *Instituições de Direito Penal.* Belo Horizonte: Del Rey, 1997. t. I, p. 8.

O conceito adotado afasta-se da teoria finalista, por prescindir de uma específica finalidade. Esta, a nosso ver, existe em qualquer ação".[42] Mas, de fato, tal entendimento, pelo menos no atual estágio doutrinário brasileiro, não tem reunido adeptos.

Como já se alertou, para o sistema causal-naturalista, a culpabilidade constituía elemento indispensável à configuração delituosa. Parte da doutrina atual, no entanto, vislumbra no crime apenas o fato típico e ilícito (ou antijurídico), sendo que tal conclusão só pôde advir com o advento do finalismo, mas cumpre fixar que *a retirada da culpabilidade do conceito dogmático de delito não é consequência inelutável do finalismo*. Assim, *há autores finalistas que mantêm a culpabilidade como requisito do crime* – e que constituem a maioria, como vimos no ponto anterior –, *assim como há um setor doutrinário dentro finalismo que nega o fato de a culpabilidade constituir requisito do fato-crime* (entre os principais estão René Ariel Dotti, Damásio E. de Jesus, Julio Fabbrini Mirabete, Walter Coelho, Luiz Flávio Gomes, sendo também o entendimento esposado por Celso Delmanto, entendimento devidamente mantido pelos coautores e atualizadores de seu conhecido *Código Penal Comentado*).[43] Portanto, semelhante entendimento se restringe a um setor da doutrina brasileira, havendo também autores estrangeiros – ainda que não constitua corrente expressiva – que, ao que parece, também partilha desse entendimento, como Juan Bustos Ramírez e Hernan Hormazábal Malarée. Para eles, "la evolución que há ido teniendo el injusto, sobre todo a partir de la concepción de éste como injusto personal con la teoría final de la acción, donde há quedado perfectamente delimitado lo subjetivo referido a la acción con sede en la tipicidad de lo subjetivo referido al sujeto con sede en la culpabilidad se puede seguir sosteniendo que este elemento constituya una cualidad e la acción del sujeto. Hoy resulta mucho más coherente sostener que la culpabilidad conctituye una teoría aparte que há de dar la teoría penal a la pregunta de por qué se le há exigir responsabilidad o si se le puede exigir responsabilidad penal a esa persona concreta por la comisión del injusto en el cual há sido identificado como autor".[44]

---

[42] VARGAS, José Cirilo de. *Instituições de Direito Penal*. Belo Horizonte: Del Rey, 1997. t. I, p. 160-161.

[43] Confira-se: DELMANTO, Celso *et al*. *Código Penal Comentado*. 6ª ed. Rio de Janeiro: Renovar, 2002, p. 19: "Assim, presente um fato típico e antijurídico (*tipicidade + antijuridicidade ou ilicitude*), teremos um *crime*, mas a aplicação de pena ainda ficará condicionada à *culpabilidade*, que é a reprovação ao agente pela contradição entre sua vontade e a vontade da lei".

[44] BUSTOS RAMÍREZ, Juan; HORMAZÁBAL MALARÉE, Hernan. *Nuevo Sistema de Derecho Penal*. Madrid: Trotta, 2004, p. 68.

Vejamos os principais argumentos para retirar-se a culpabilidade do conceito de crime. Segundo Damásio E. de Jesus,[45] quando o Código Penal se refere à ilicitude, emprega expressões como: "não há crime" (art. 23, *caput*), "não se pune o aborto" (art. 128, *caput*), "não constituem injúria ou difamação punível" (art. 142, *caput*), "não constitui crime" (art. 150, § 3º), ao passo que, segundo ainda o autor, quando o estatuto substantivo quer se referir à culpabilidade, emprega expressões tais como: "é isento de pena" (art. 26, *caput*, e 28, § 1º), "só é punível o autor da coação ou da ordem" (art. 22, *in fine*, pelo que se entende que "não é punível o autor do fato"). Em suma: seriam expressões relativas ao crime quando se tratasse de ilicitude (ou antijuridicidade) e expressões relativas à pena quando a referência fosse a culpabilidade. Em raciocínio idêntico, Luiz Flávio Gomes[46] também salienta que a culpabilidade não pertence à estrutura do crime, constituindo, isso sim, "um dos fundamentos indeclináveis da pena e, desse modo, faz o elo de ligação entre o crime e a pena". Por sua vez, René Ariel Dotti[47] ressalta "a opinião pessoal segundo a qual o delito se aperfeiçoa com a ação típica e ilícita e que a culpabilidade, como juízo de reprovação *post factum*, é um pressuposto da pena". É de se mencionar, ademais, a posição de Walter Coelho,[48] para quem "o crime se concretiza, em verdade, apenas com a *ação humana típica e ilícita*, pois a 'culpabilidade' não é necessária à caracterização do ilícito penal. De todo pertinente, pois, a colocação de Welzel[49] de que o crime é a conduta típica e antijurídica, em que a culpabilidade é o pressuposto da aplicação da pena". Por derradeiro, cite-se a irrestrita e inexpugnável afirmação de Julio Fabbrini Mirabete,[50] a sugerir que os finalistas, genericamente – o que não é o caso –, teriam retirado a culpabilidade do conceito de crime: "A *culpabilidade*, tida como componente do crime pelos doutrinadores causalistas, é conceituada pela teoria finalista da ação como reprovação da ordem jurídica em face de estar ligado o homem a um fato típico e antijurídico". Como se vê, as ponderações dessa corrente podem ser resumidas nas seguintes conclusões:

---

[45] JESUS, Damásio E. de. *Direito Penal – Parte Geral*. 28ª ed. São Paulo: Saraiva, 2005, p. 455.

[46] GOMES, Luiz Flávio. *Direito Penal – Parte Geral – Teoria Constitucionalista do Delito*. São Paulo: Revista dos Tribunais, 2004, p. 345.

[47] DOTTI, René Ariel. *Curso de Direito Penal – Parte Geral*. 2ª ed. Rio de Janeiro: Forense, 2004, p. 301.

[48] COELHO, Walter. *Teoria geral do crime*. Porto Alegre: Sergio Antonio Fabris, 1991. v. 1, p. 34.

[49] Essa afirmação não nos parece correta, pois, ao que consta, Welzel jamais fez semelhante afirmação, conforme esclareceremos adiante.

[50] MIRABETE, Julio Fabbrini. *Manual de Direito Penal*. 19ª ed. São Paulo: Atlas, 2003, p. 98.

a) quando o CP quer referir-se à culpabilidade, utiliza a fórmula "é isento de pena", ou outra semelhante; *b*) a culpabilidade constitui (mero) pressuposto de pena; *c*) o próprio Hans Welzel teria retirado a culpabilidade da estrutura do delito.

Porém, como já afirmamos, a opção entre autores finalistas em manterem a culpabilidade no conceito de crime é majoritária e, ao que nos parece, cada vez mais crescente. Um dos primeiros penalistas a contrapor-se à ideia de culpabilidade como *mero* pressuposto de pena foi Juarez Tavares, cuja lição merece ser reproduzida:

> O primeiro problema que surge dessa posição é que não se pode dizer que o pressuposto da pena seja tão-somente a culpabilidade, mas, igualmente, todos os demais elementos do delito e ainda as condições objetivas de punibilidade. A expressão "pressupostos da pena" abrange, portanto, um campo muito mais amplo do que essa pretendida teoria. Demais, os elementos do delito, tomados na acepção tradicional, estão em constante inter-relação. Por exemplo, entre antijuridicidade e culpabilidade há uma inegável interação, notadamente com a adoção dos elementos subjetivos de justificação, de tal modo que, isolar-se a culpabilidade do complexo do injusto, conduziria a uma postura contraditória em si mesma. Além disso, o isolamento da culpabilidade de conceito de delito representa uma visão puramente pragmática do Direito Penal, subordinando-o de modo exclusivo à medida penal e não aos pressupostos de sua legitimidade. Se, por um lado, isto pode beneficiar o agente, no reconhecimento, por exemplo, da influência sobre a culpabilidade de princípios liberais de política criminal, pode, por outro, fundamentar uma exagerada extensão da medida penal, contradizendo a própria tese fundamental do finalismo de que o Direito Penal só em último caso deve servir de instrumento de proteção de bens jurídicos e somente daqueles valores absolutamente indispensáveis à vida em uma determinada organização, possibilitando, dessa forma, a crítica de sua legitimidade e de sua própria vinculação a uma estrutura de classe.[51]

Essa também é a posição de penalistas mais recentes. Nesse sentido, é lapidar a assertiva de Cláudio Brandão: "Para nós, não há dúvida de que a culpabilidade integra o conceito de crime. Não se pode dizer que a culpabilidade é um mero pressuposto da pena, porque a pena é a *consequência jurídica do crime*".[52] David Teixeira de Azevedo também ocupou-se da questão:

> Assim, p. ex., no erro de tipo permissivo. Quando o erro recai sobre pressupostos fáticos de uma causa de justificação inexiste, evidentemente, tipicidade da conduta por ausência de dolo. O legislador, contudo, refere "isento de pena" (art. 20, § 1º). Mesmo se tratando de uma descriminante, a lei adverte que "não há isenção de pena quando o erro deriva de culpa e o fato é punível como crime culposo". O legislador não afirmou a existência de um crime, todavia declarou o autor isento de pena. Não fica configurada a modalidade típica dolosa, podendo restar a forma

[51] TAVARES, Juarez. *Teorias do Delito*. São Paulo: Revista dos Tribunais, 1980, p. 109.

[52] BRANDÃO, Cláudio. *Teoria Jurídica do Crime*. 2ª ed. Rio de Janeiro: Forense, 2002, p.14.

culposa. Somente se configurada tipicamente a modalidade culposa haverá crime: o erro exclui o dolo, que, estando no tipo, prejudica a tipificação de forma dolosa. Outro exemplo. No erro de tipo que recai sobre a pessoa contra quem é o crime praticado, o § 3º, do art. 20, afirma não estar o agente "isento de pena", o que situaria a questão aos domínios da culpabilidade. Todavia, como se sabe, trata-se de erro de tipo, que anula o dolo. Somente não se exclui plenamente a tipicidade dolosa porque tal erro é acidental, não recaindo sobre dado essencial do modelo típico. Pense-se também no estado de necessidade exculpante, em que o agente para salvar um bem jurídico de menor relevância sacrifica aquele entitativamente superior, todavia não lhe sendo exigível, nas excepcionais circunstâncias em que atuou, conduta diversa. Sua conduta não é censurável pelo direito, não sendo possível formular-lhe juízo de culpabilidade. Todavia, tal estado de necessidade, que exclui a culpa, tanto quanto aquele que afasta a ilicitude, em ambas configurações diz o Código "não haver crime". (art. 23 do CP). Na coação irresistível, seja física ou moral, somente é punível o autor da coação, ficando isento de pena o coagido (art. 22 do CP). Dessa disposição não se autoriza concluir que, isento de pena, o coagido terá praticado o delito, já aperfeiçoado apenas com tipicidade e antijuridicidade. Tanto na coação física, ou irresistível por violência, em que o agente atua como verdadeiro autômato, quanto na moral, em que há um coeficiente de vontade, embora tolhida, em ambas hipóteses evidentemente o crime é praticado pelo coator, verdadeiro autor. Exclui-se com a locução "só é punível o autor da coação" a modalidade típica extensiva da co-autoria, pela falência, na coação física, da própria ação, e ausência do elemento subjetivo típico da co-autoria ou participação, na coação moral. Na primeira, na coação física absoluta o coacto é apenas instrumento e não autor de uma ação típica e antijurídica. Na segunda, o coacto não pratica uma conduta típica e antijurídica porque falece dado essencial da ação humana característico do concurso no crime de outrem: a consciência e a convergência de vontade na obtenção do resultado. Ainda que não se argumente com a ausência de conduta, a configuração de um delito estará obstada pela atipicidade da conduta do coacto, porque excluído o tipo extensivo da co-autoria. Não se cuida simplesmente da inexigibilidade de comportamento diverso (art. 29 do CP), mas a questão situa-se em momento anterior, com a não configuração da tipicidade extensiva. Na coação irresistível, portanto, há uma pluralidade de situações, que vão desde a inexistência da conduta, passando pela atipicidade extensiva da co-autoria, chegando por fim ao terreno da culpabilidade. A essas variadas hipóteses, a lei dispensa o mesmo tratamento: 'só é punível o autor da coação'. A conclusão é imperativa, destarte, é de que a ação total contrária ao direito, portanto o injusto e a culpabilidade, unidos indissoluvelmente no fato, globalmente comporão o conceito de crime, constituindo o pressuposto, ambos da pena.[53]

[53] AZEVEDO, David Teixeira de. Culpabilidade e o conceito tri-partido de crime. *Revista Brasileira de Ciências Criminais*, São Paulo, ano 1, nº 2, abr./jun. 1993, p. 49 e 50. O autor também publicou esse mesmo texto, posteriormente, no livro *Atualidades no Direito e Processo Penal*. São Paulo: Método, 2001, p. 57 e ss.

A nosso ver, esse último entendimento parece ser o mais adequado,[54] tanto em razão de uma interpretação lógico-sistemática, como também por ser o mais consentâneo com o respeito à dignidade da pessoa humana e aos diretos fundamentais, consoante veremos nas linhas que seguem.

Ainda que no domínio conceitual do que seja comportamento humano delituoso também haja acirrada disputa doutrinária, é certo que, seja qual for a concepção assumida – seja a da ação causal, finalista, social ou funcional –, a conduta humana, em posição amplamente majoritária, possui o papel de suporte na teoria do delito. Porém, cabe ressaltar a importância de se observar a Constituição, tanto no sentido formal quanto no material, para a interpretação do direito penal no estágio em que se encontra hoje, sobrelevando, não apenas de modo retórico, mas efetivo, o valor dignidade da pessoa humana e o resguardo dos direitos fundamentais, e isso influenciará na adoção da culpabilidade enquanto requisito do crime.

Como vimos, os argumentos ofertados pelo setor doutrinário que retira a culpabilidade do conceito dogmático de delito podem ser sintetizados nos seguintes termos: em primeiro lugar, diz-se que o CP quando quer se referir à culpabilidade, o faz sob a locução "é isento de pena", ou com alguma expressão semelhante, tal como "não é punível"; a culpabilidade revela-se, assim, tão só, pressuposto de pena, e não requisito do crime; por fim, como argumento de autoridade, há quem diga que semelhante entendimento remonta a Welzel. Passemos a apreciar referidos argumentos.

A expressão "é isento de pena" não significa que o Código Penal esteja, *sempre*, referindo-se à culpabilidade.[55] Tal linha de raciocínio foi rechaçada de forma cristalina por David Teixeira de Azevedo, no texto acima reproduzido, ficando evidente que o CP não utiliza rigor terminológico a ensejar uma distinção do injusto

---

[54] E tal entendimento é admitido inclusive entre autores funcionalistas, consoante se vê, por todos, em ROXIN, Claus. *Strafrecht Allgemeiner Teil.* 4ª ed. München: Beck, 2006, v. I, p. 195-196: "In der modernen Strafrechtsdogmatik besteht im wesentlichen Einigkeit darüber, dass jedes strafbare Verhalten sich als eine tatbestandsmäßige, rechtswidrige, schuldhafte und etwaige sinstige Strafbarkeitsvoraussetzung erfüllende Handlung darstellt. Jedes strafbare Verhalten weist also vier gemeinsame Merkmale (Handlung, Tatbestaandsmäßige, Rechtswidrigkeit, Schuld) auf zu denen hier und da noch eine weitere Strafbarkeitsvoraussetzung hinzukommmen kann (Na moderna dogmática do Direito Penal há uma significativa concordância segundo a qual toda conduta punível constitui uma ação típica, ilícita, culpável e preenchedora de outros eventuais pressupostos de punibilidade. Portanto, toda conduta punível apresenta quatro elementos (ação, tipicidade, ilicitude, culpabilidade) aos quais podem ser agregados em certos casos outros pressupostos de punibilidade).

[55] Confira-se, ainda: SILVA, Ângelo Roberto Ilha da. *Dos Crimes de Perigo Abstrato em face da Constituição.* São Paulo: Revista dos Tribunais, 2003, p. 134-136.

e da culpabilidade somente por esse critério. O exemplo da prática de ato infracional, que somente pode ser perpetrado pelo menor de 18 anos, deixa a questão bem evidente. Assim, do ponto de vista do ordenamento brasileiro, o menor não pratica crime, fica de fora das previsões típicas do CP e de todas as tipificações penais do ordenamento extravagante. No que concerne ao menor de 18 anos, só podem ser aplicadas medidas socioeducativas elencadas no Estatuto da Criança e do Adolescente (ECA), que, aceite-se ou não a presunção de inimputabilidade a esses agentes, estão de fora da perspectiva criminal/penal, tudo porque o ordenamento os considera sem capacidade de culpabilidade.

Essa linha de argumentação resta por concluir que a culpabilidade constitui (mero) pressuposto de pena, desfecho aparentemente lógico, visto estar ligado às expressões antes referidas, na linha da expressão "é isento de pena" e outras semelhantes. A afirmativa de que a culpabilidade é pressuposto de pena é correta, mas isso, só por si, não possui o condão de alijá-la da estrutura do delito. Com efeito, nenhum dos aspectos ou elementos do crime deixa de ter semelhante característica. A tipicidade e a ilicitude também são pressupostos de pena, já que não se cogita de impor pena a um agente pela prática de ato despido de tipicidade, por ferir o princípio da legalidade, e nem tampouco por fato que não seja ilícito, pelo mesmo motivo. Assim, observa-se que todos os elementos do crime são pressupostos de pena.

Ademais, do ponto de vista lógico-sistemático retirar-se a culpabilidade do conceito de crime geraria perplexidades, como, por exemplo, no campo do concurso de pessoas. Figure-se a hipótese em que três assaltantes de banco rendam o gerente de determinada agência e, colocando sua família como refém, o obriguem a dirigir-se a agência e subtrair elevada quantia em dinheiro, da qual os agentes delituosos se apropriam e empreendem fuga. O gerente, por certo, tendo agido sob coação irresistível, fica "isento de pena" (art. 22 do CP). Isso porque a coação moral irresistível constitui hipótese expressa de inexigibilidade de conduta diversa, a qual exclui a culpabilidade. No exemplo dado, o gerente não é coautor do crime, e sim instrumento. Consoante ensina Nilo Batista,[56] "o instrumento atua sob coação moral irresistível da parte do autor

[56] BATISTA, Nilo. *Concurso de Agentes: Uma Investigação sobre os Problemas da Autoria e da Participação no Direito Penal Brasileiro.* 2ª ed. Rio de Janeiro: Lumen Juris, 2004, p. 136.

mediato". Observe-se, ainda, a síntese de Juarez Cirino dos Santos:[57] "As principais situações de *autoria mediata* aparecem nas hipóteses em que o instrumento realiza ação típica, ou atua em erro (ou sem dolo), ou conforme ao direito, ou sem capacidade de culpabilidade, ou em erro de proibição inevitável, ou sem liberdade por força de coação ou de obediência hierárquica, ou sem intenção especial. Nas situações de autoria mediata, a pena do *autor mediato* é agravada e o *instrumento* é impunível, como se demonstra: (...)". Como se pode notar, nos casos de autoria mediata, a pessoa que é utilizada pelo autor mediato – sem o aquiescer subjetivo ao propósito delituoso – não é autora de delito, mas, sim, instrumento. E, como acertadamente ressalta Welzel,[58] "nenhum dos coautores deve ser mero instrumento de outro!". No entanto, para aqueles que julgam não ser a culpabilidade elemento do crime, o gerente coagido – por imposição lógica – teria praticado um delito, mas que, por ter agido sem culpabilidade, por inexigibilidade de conduta diversa (coação), não terá a pena criminal pesando sobre si. Ora, tal conclusão está absolutamente em confronto com a ideia de autoria mediata, conforme demonstramos. Por esse raciocínio, do ponto de vista teórico e com reflexos práticos, o coagido poderia até mesmo compor o número de agentes necessário para a tipificação do crime de quadrilha ou bando, o que a nosso ver é insustentável.

O argumento utilizado por alguns de que o próprio Hans Welzel teria considerado o simples injusto, ou seja, ação típica e ilícita, como suficiente à configuração delituosa é errôneo. Como lembra Nilo Batista,[59] "Welzel foi muito claro ao assegurar que 'tipicidade, antijuridicidade e culpabilidade são os três elementos do crime – *die drei Verbrechenselemente*' (*Das Deutsche Strafrecht*, p. 48)". Tal constatação também pode ser conferida na obra de Welzel,[60] *O Novo Sistema Jurídico-Penal*, traduzida por Luiz Regis Prado, *in litteris*: "O conceito de culpabilidade acrescenta ao de ação antijurídica – tratando-se de uma ação dolosa ou não dolosa – um novo elemento, que a transforma em delito". Como se vê, a passagem reproduzida

[57] SANTOS, Juarez Cirino dos. *A Moderna Teoria do Fato Punível*. 4ª ed. Rio de Janeiro: ICPC/ Lumen Juris, 2005, p. 278-279.

[58] WELZEL, Hans. *Das Deutsche Strafrecht*. 11ª ed. Berlin: Walter de Gruyter & Co., 1969, p. 107: "da keiner der Mittäter bloßes Werkzeug des anderen sein darf!".

[59] BATISTA, Nilo. Notas Históricas sobre a Teoria do Delito no Brasil. *Ciências Penais – Revista da Associação Brasileira de Professores de Ciências Penais*, São Paulo, ano 1, v. 1, jul./ dez. 2004, p. 130 (na nota nº 118).

[60] WELZEL, Hans. *O Novo Sistema Jurídico-Penal: Uma Introdução à Doutrina da Ação Finalista*. Trad. Luiz Régis Prado. São Paulo: Revista dos Tribunais, 2001, p. 87.

não deixa dúvidas quanto ao posicionamento do autor alemão em considerar a culpabilidade como requisito do crime.

A nosso ver, a par de todos os argumentos tão bem expostos pela doutrina em favor de manter-se, do ponto de vista científico, a culpabilidade na estrutura do delito pode-se agregar ainda outro de caráter, a um tempo, humanitário, preservador dos direitos fundamentais e da dignidade da pessoa humana e, por tais motivos, constitucional, e isso também reflete da compreensão total de delito que concebemos, que não pode se conformar ou satisfazer com atos mecanicistas ou desprovidos de *vontade livre*.

Assim, se o comportamento humano, a tipicidade e a ilicitude expressam, respectiva e preponderantemente, os aspectos volitivo, formal e material do delito, a seu passo, a culpabilidade expressa o caráter ético do fato punível. Isso porque a culpabilidade, nas palavras de Miguel Reale Júnior,[61] traduz "um juízo ético sobre a validade ou não da opção contra o direito (...)". Com esse entendimento, podemos, afinal, asseverar que subtrair a culpabilidade do conceito operacional de delito, ao lado de todas as ponderações já aqui trazidas, retira do delito seu caráter ético, considerando como agente delituoso alguém que não decidiu (livremente) ou quis praticar o crime, com o que não concordamos por entender que semelhante posição fere a dignidade da pessoa, além de vários direitos fundamentais, a começar pela honra de alguém que age sem culpabilidade, mas é considerado como criminoso, com todo o caráter estigmatizante da imputação delituosa (ainda que haja *isenção* de pena). Mencione-se também a afronta ao direito fundamental à igualdade, na medida em que se tratar igualmente, como praticantes de delito, o agente que quis praticar um crime com a pessoa que não o quis, mas foi instrumento, constrangido e à evidência também vitimado, não condiz com um tratamento igualitário e justo, ainda que se lance mão do aparente corretivo da "isenção da pena". No exemplo do gerente de banco que é forçado a subtrair o numerário da instituição bancária – ao qual pensamos possam ser enquadradas todas as situações de exculpação –, a atender-se à tese que retira a culpabilidade do conceito de crime seria como se afirmássemos ao gerente coagido: *Sr. Gerente, o senhor é um criminoso, mas não se preocupe: está isento de pena!*

[61] REALE JÚNIOR, Miguel. *Instituições de Direito Penal – Parte Geral*. 2ª ed. Rio de Janeiro: Forense, 2004. v. I, p. 189.

4. A desconfiguração delituosa em face da inimputabilidade

Ao definirmos a culpabilidade como requisito ou elemento do crime, a consequência de seu eventual afastamento, no contexto da prática de um fato típico e ilícito, será – igualmente – a ausência do fato-crime. De acordo com os postulados da teoria normativa pura da culpabilidade, os quais aqui adotamos, os elementos dessa são a imputabilidade, o potencial conhecimento da ilicitude e a exigibilidade de conduta diversa (o poder de agir de outro modo: conforme ao direito).[62] Assim, o agente que pratica fato típico sem capacidade penal não responde a uma pena criminal, ou seja, não pratica crime. Isso porque age sem culpabilidade. Essa é a condição do inimputável. Nas linhas que seguem, delinearemos o tratamento legal da inimputabilidade e suas consequências.

5. Sistemas

Três são os sistemas ou critérios a atribuir a determinado agente que pratica fato típico a condição de inimputável: o biológico, o psicológico e o biopsicológico.

5.1. Biológico

O sistema biológico ou etiológico remonta ao Código Penal francês de 1810 (e por esse fato também denominado de sistema francês), ao estabelecer, em seu art. 64 que: "Não há crime nem delito quando o imputado se encontrava em estado de demência ao tempo da ação..." (***Il n'y a ni crime ni délit, lorsque le prévenu était en état de démence au temps de l'action***, *ou lorsqu'il a été contraint par une force à laquelle il n'a pu résister*). Por esse sistema, considera-se inimputável o agente detentor de anomalia mental (ou imaturidade, no caso do menor de 18 anos), sem a necessidade de estabelecer-se

---

[62] Relativamente a esse último elemento, refere Jorge de Figueiredo Dias que a culpabilidade se revela "portadora de um momento ético, passa a conter obrigatoriamente em si uma censura: a censura de um comportamento humano, por o culpado ter actuado contra o dever, quando podia ter actuado 'de outra maneira', isto é, de acordo com o dever". DIAS, Jorge de Figueiredo. *Temas Básicos da Doutrina Penal – Sobre os Fundamentos da Doutrina Penal – Sobre a Doutrina Geral do Crime*. Coimbra: Coimbra Editora, 2001, p. 264.

se tal anomalia levou o agente a uma condição de não ter condições de entender o injusto penal que pratica. À evidência, tal fórmula mostra-se inadequada, visto que há casos em que alguém possa – a um tempo – ser doente mental e, mesmo assim, ser imputável, como ocorre no exemplo do esquizofrênico devidamente medicado e que não apresente qualquer sinal de sua esquizofrenia. Isso não se dá, por outro lado, no caso da menoridade, pois aqui não se trata de anomalia, e sim de ausência de maturidade apta a estabelecer a responsabilidade penal aos menor de 18 anos. Tal opção, em *terrae brasilis*, antes de tratar-se de uma opção legal, constitui determinação constitucional, a teor do art. 228 da Constituição Federal: *São penalmente inimputáveis os menores de dezoito anos, sujeitos às normas da legislação especial*. O art. 27 do Código Penal estatui a matéria praticamente nos mesmos termos: *Os menores de 18 (dezoito) anos são penalmente inimputáveis, ficando sujeitos às normas estabelecidas na legislação especial*. Como se vê, relativamente ao menor de 18 anos, o ordenamento brasileiro adota o critério biológico.

5.2. Psicológico

O sistema ou critério psicológico busca estabelecer a inimputabilidade do agente de acordo com as condições psíquicas deste no momento da prática do fato típico. Na exposição de Motivos da Parte Geral original do Código Penal de 1940, publicada no Diário Oficial da União, em 31 de dezembro de 1940, assim expunha Francisco Campos, então Ministro da Justiça e Negócios Interiores: "O método psicológico não indaga se há uma perturbação mental mórbida: declara a irresponsabilidade se, ao tempo do crime, estava abolida no agente, seja qual for a causa, a faculdade de apreciar a criminalidade do fato (momento intelectual) e de determinar-se de acordo com essa apreciação (momento volitivo)". Na referida Exposição de Motivos, Francisco Campos fazia a crítica ao critério psicológico por entender que este conferia um demasiado arbítrio judicial e um extensivo reconhecimento da irresponsabilidade penal, o que iria de encontro ao interesse da defesa social.

5.3. Biopsicológico

O critério biopsicológico foi o critério adotado pelo ordenamento brasileiro, salvo no caso da menoridade penal, consoante se observa da redação do art. 26, *caput*, do CP: *É isento de pena o agente que, por doença mental ou desenvolvimento mental incompleto ou retardado, era, ao tempo da ação ou da omissão, inteiramente incapaz de entender o caráter ilícito do fato ou de determinar-se de acordo com esse entendimento.* Esse critério é a reunião dos dois primeiros, visto que afasta a responsabilidade penal (decorrente da inimputabilidade) no caso de o agente, a um tempo, possuir enfermidade mental ou, ainda, desenvolvimento mental incompleto ou retardo mental e, em decorrência de alguma dessas causas, não ter condições de apreciar a ilicitude do fato ou de determinar-se de acordo com essa apreciação.

O sistema biopsicológico, mantido pela Reforma Penal de 1984, materializada por intermédio da Lei nº 7.209, de 11 de julho de 1984, já havia sido adotado quando da edição do Código Penal de 1940, em sua versão original. Sobre o critério, leciona Miguel Reale Júnior:[63] "Com a junção dos dois critérios afasta-se a visão causalista que reduzia o crime a conseqüência da anormalidade mental, e por outro limita-se o amplo arbítrio judicial, com a exigência de uma base biológica no reconhecimento da inimputabilidade". Assim, observa-se que há uma relação de mútua dependência entre ausência de higidez mental e a possibilidade de compreensão do injusto, em razão desse déficit mental.

6. Características gerais do tratamento da inimputabilidade na experiência estrangeira

Após termos dedicado atenção em rememorar os critérios utilizados para indicar-se, do ponto de vista legal, a condição de inimputável ao autor da prática definida como crime, passamos a indicar as opções normativas, com relação à inimputabilidade, assumidas por legislações estrangeiras.

6.1. Alemanha

O Código Penal alemão, *Strafgezetzbuch* (StGB), dispõe sobre o problema da inimputabilidade nos artigos 19, 20 e 21, os quais tratam, respectivamente, da inimputabilidade do menor, da inimputabilidade

[63] REALE JÚNIOR, Miguel. *Instituições de Direito Penal – Parte Geral.* 2ª ed. Rio de Janeiro: Forense, 2004. v. I, p. 209.

em razão de distúrbios psíquicos e da imputabilidade reduzida, os quais passamos a reproduzir e a fazer algum comentário.

§ 19. Schuldunfähigkeit des Kindes. Schuldunfähig ist, wer bei Begehung der Tat noch nicht vierzehn Jahre alt ist.

O dispositivo pode ser traduzido nos seguintes termos: *é inimputável* (ou, ainda, *é incapaz de culpabilidade*) *aquele que, no momento da prática do fato, não tenha completado quatorze anos*. Adota aqui, tal como o Código Penal brasileiro, o sistema biológico, mas estabelecendo um limite etário bem inferior ao nosso.

§ 20. Schuldunfähigkeit wegen seelischer Störungen. Ohne Schuld handelt, wer bei Begehung der Tat wegen einer krankhaften seelischen Störung, wegen einer tiefgreifenden Bewußtseinsstörung oder wegen Schwachsinns oder einer schweren anderen seelischen Abartigkeit unfähig ist, das Unrecht der Tat einzusehen oder nach dieser Einsicht zu handeln.

Segundo o artigo, age sem culpabilidade aquele que, em razão de distúrbio mental patológico, de um profundo distúrbio da consciência ou de deficiência mental ou de outra grave anomalia psíquica, é incapaz de compreender a ilicitude do fato ou de agir conforme essa compreensão. Como se observa, relativamente à psicopatologia, adotou o diploma penal o critério biopsicológico.

Por derradeiro, as causas elencadas no artigo 20, se não levarem o agente à incapacidade, mas tão somente à capacidade reduzida, determinarão a possibilidade de diminuição da pena, a ver-se:

§ 21. Verminderte Schuldfähigkeit. Ist die Fähigkeit des Täters, das Unrecht der Tat einzusehen oder nach dieser Einsicht zu handeln, aus einem der in § 20 bezeichneten Gründe bei Begehung der Tat erheblich vermindert, so kann die Strafe nach § 49 Abs. 1 gemildert werden.

Roxin[64] assevera que a capacidade reduzida não constitui um meio termo entre a capacidade e a incapacidade traduzida em uma espécie de forma autônoma, nomeadamente a semi-imputabilidade, e sim um caso de imputabilidade, mas observa que a capacidade de controle é um conceito graduável, em que a pessoa pode se ressentir de modo maior ou menor em poder se motivar de acordo com a norma.

O dispositivo que estabelece a redução de pena em caso de capacidade relativa remete ao § 49, o qual delimita parâmetros quantitativos de redução para diversas hipóteses atenuadoras de pena.

---

[64] ROXIN, Claus. *Strafrecht Allgemeiner Teil.* 4ª ed. München: Beck, 2006, v. I, p. 902.

6.2. Espanha

O Código Penal espanhol, de 1995, trata da inimputabilidade penal nos arts. 19 e 20:

> 19. Los menores de dieciocho años no serán responsables criminalmente con arreglo a este Código.
> Cuando un menor de dicha edad cometa un hecho delictivo podrá ser responsable com arreglo a lo dispuesto en la ley que regule la responsabilidad penal del menor.
> 20. Están exentos de responsabilidad criminal:
> 1º El que al tiempo de cometer la infracción penal, a causa de cualquier anomalía o alteración psíquica, no pueda comprender la ilicitud del hecho o actuar conforme a esa comprensión.
> El trastorno mental transitorio no eximirá de pena cuando hubiese sido provocado por el sujeto con el propósito de comenter el delito o hubiera previsto o debido prever su comisión.
> 2º El que al tiempo de cometer la infracción penal se halle en estado de intoxicación plena por el consumo de bebidas alcohólicas, drogas tóxicas, estupefacientes, sustancias psicotrópicas u otras que produzcan efectos análogos, siempre que no haya sido buscado con el propósito de cometerla o no se hubiese previsto o debido prever su comisión, o se halle bajo la influencia de un síndrome de abstinencia, a causa de su dependencia de tales sustancias, que le impida comprender la ilicitud del hecho o actuar conforme esa comprensión.
> 3º El que, por sufrir alteraciones en la percepción desde el nacimiento o desde la infancia, tenga alterada gravemente la conciencia de la realidad.
> (...).

O art. 20 do Código Penal espanhol, pautado no critério biológico, estabelece a inimputabilidade do menor de dezoito anos. Interessante a posição José Cerezo Mir,[65] quando afirma que não se consideram, em realidade, os menores de dezoito inimputáveis, ou seja, incapazes, e sim, por razões de Política Criminal, opta o legislador por excluí-los do direito penal dos adultos, criando-se, por outro lado, um direito penal juvenil orientado essencialmente aos fins de prevenção especial.

De notar-se que o Código vigente aumentou o limite etário para dezoito anos, visto que o anterior considerava isento de responsabilidade criminal o menor de dezesseis anos.

Por sua vez, o art. 20 estabelece a isenção de responsabilidade criminal em razão de inimputabilidade nos §§ 1º a 3º, cuidando o 4º de outras excludentes, como a legítima defesa e o estado de necessidade.

---

[65] CEREZO MIR, José. *Curso de Derecho Penal Español – Parte General*. Madrid: Tecnos, 2001 (4. reimpresión 2004), v. III, p. 86.

O § 1º, adotando o critério biopsicológico, preceitua a isenção de responsabilidade criminal ao autor de infração penal que esteja acometido de qualquer anomalia ou alteração psíquica que lhe subtraia a capacidade de compreensão da ilicitude ou de autodeterminação segundo esse entendimento, à semelhança do Código brasileiro. Inova, no entanto, ao determinar a não isenção de responsabilidade quando o agente provocar um transtorno mental provisório com a finalidade de cometer o delito ou ainda que tenha o dever de prever a possibilidade de sua ocorrência.

No § 2º, é afastada a responsabilidade criminal em caso de intoxicação por álcool, drogas tóxicas, estupefacientes, substâncias psicotrópicas e outras que produzam efeitos análogos sempre que não seja preordenada com intuito criminoso, ou que não haja previsão ou exigência de previsão delituosa, bem como em caso de síndrome de abstinência.

Por fim, o § 3º, sem especificar, estabelece norma aplicável aos surdos ou mesmo aos cegos, já que se refere à alteração da percepção desde o nascimento ou desde a infância, de modo a alterar no agente gravemente a consciência da realidade.

6.3. França

Na França, no âmbito da higidez mental, diferentemente do Código napoleônico de 1810 (que foi o modelo sempre referido do sistema biológico), o sistema adotado é o biopsicológico, restando inimputável o agente, desde que, em razão de problema psíquico ou neuropsíquico, esteja abolida no agente a capacidade de compreensão ou de autodeterminação, ou, ainda, ficando sujeito a uma pena reduzida se as causas referidas não retirarem do agente sua capacidade de compreensão ou de autodeterminação, consoante se observa da redação do dispositivo a seguir reproduzido:

> Art. 122-1. N'est pas pénalement responsable la personne qui était atteinte, au moment des faits, d'un trouble psychique ou neropsychique ayant aboli son discernement ou le controle de ses actes.
> La personne qui était atteinte au moment des faits, d'un trouble psychique ou neuropsychique ayant altéré son discernement ou entravé le contrôle de ses actes demeure punissable; toutefois, la juridiction tient compte compte de cette circonstance lorsqu'elle détermine la peine et em fixe le régime.

Relativamente ao menores, é significativamente mais rígido o diploma francês, visto que a partir dos treze anos já há responsabilidade criminal, se bem que sob regime diferenciado, a ver-se:

Art. 122-8. Les mineurs reconnus coupables d'infractions pénales font l'object de mesures de protection, d'assistance, de surveillance et d'éducation dans les conditions fixées par une loi particulière.
Cette loi détermine également les conditions dans lesquelles des peines peuvent être prononcées à l'encontre des mineurs âgés de plus de treize ans.

Por fim, importante mencionar a *Ordonnance* nº 45-174, de 2 fevereiro de 1945, a qual dispõe sobre *l'enfance délinquante*, prevendo, inclusive, a possibilidade de detenção de menores entre dez e treze anos para fins de investigação em casos de crimes graves.

6.4. Itália

O *Codice Penale* italiano estabelece ser imputável o agente que, no momento do cometimento do fato, possua a capacidade de entender e de querer:

Art. 85. (Capacità d'intendere e di volere). Nessuno può essere punito per un fatto preveduto dalla legge come reato, se, al momento in cui lo há commesso, non era imputabile (87).
È imputabile chi há la capacità d'intendere e di volere (42, 88, 90, 92, 148; 220, 508 c.p.p.; 120, 2046, 2047 c.c.).

As causas de exclusão ou redução da imputabilidade estão previstas nos arts. 88 a 98, consistindo, segundo Ferrando Mantovani,[66] em duas espécies: a) alterações patológicas devidas à enfermidade da mente ou ação do álcool ou de substâncias estupefacientes; e b) imaturidade fisiológica ou parafisiológica, relativas, respectivamente, à menoridade e ao surdo-mudismo.

Passamos a reproduzir os dispositivos que tratam da matéria:

Art. 88. (Vizio totale di mente). Non è imputabile chi, nel momento in cui há commesso il fatto, era, per infermità, in tale stato di mente da escludere la capacità d'intendere o di volere (222).
Art. 89. (Vizio parziale di mente). Chi, nel momento in cui há commesso il fatto, era, per infermità, in tale stato di mente da scemare grandemente, senza escluderla, la capacità d'intendere o di volere, risponde del reato commesso; ma la pena è diminuita (65, 141, 148, 219; 70, 220, 508 c.p.p.).
Art. 90. (Stati emotivi o passinali). Gli stati emotivi o passionali non escludono né diminuiscono l'imputabilità (220 c.p.p.).
Art. 91. (Ubriachezza derivata da caso fortuito o da forza maggiore). Non è imputabile chi, nel momento in cui há commesso il fatto, non aveva la capacità d'intendere o di volere, a cagione di piena ubriachezza derivata da caso fortuito o da forza maggiore.

[66] MANTOVANI, Ferrando. *Diritto Penale*. 3ª ed. Padova: CEDAM, 1992, p. 669.

Se l'ubriachezza non era piena, ma era tuttavia tale da scemare grandemente, senza escluderla, la capacità d'intendere o di volere, la pena è diminuita (65, 613, 688, 690).

Art. 92. (Ubriachezza volontaria o colposa ovvero preordinata). L'ubriachezza non derivata da caso fortuito o da forza maggiore non esclude né diminuisce l'imputabilità.

Se l'ubriachezza era preordinata al fine di commettere il reato, o di prepararsi una scusa, la pena è aumentata (63, 64, 87).

Art. 93. (Fatto commesso sotto l'azione di sostanze stupefacenti). Le disposizioni dei due articoli precedenti si applicano anche quando il fatto à stato commesso sotto l'azione di sostanze stupefacenti (221, 222, 229).

Art. 94. (Ubriachezza abituale). Quando il reato è commesso in stato di ubriachezza, e questa è abituale, la pena è aumentata (63, 64, 221, 234, 6880

Agli effetti della legge penale, è considerato ubriaco abituale chi è dedito all'uso di bevande alcooliche e in stato frequente di ubriachezza.

L'aggravamento di pena stabilito nella prima parte di questo articolo si applica anche quando il reato è commesso sotto l'azione di sostanze stupefacenti da chi è dedito all'uso di tali sostanze (221).

Art. 95. (Cronica intossicazione da alcool o da sostanze stupefacenti). Per i fatti commessi in stato di cronica intossicazione prodotta da alcool ovvero da sostanze stupefacenti, si applicano le disposizioni contenute negli articoli 88 e 89 (206, 219, 221, 222).

Art. 96. (Sordomutismo). Non è imputabile il sordomuto che, nel momento in cui há commesso il fatto, non aveva, per causa della sua infermità la capacità d1intendere o di volere (85, 222).

Se la capacità d'intendere o di volere era grandemente scemata, ma non esclusa, la pena è diminuita (65, 219).

Art. 97. (Minore degli anni quattordici). Non è imputabile chi, nel momento in cui há commesso il fatto, non aveva compiuto i quattordici anni (65, 222, 224; 28, 29 coord.).

Art. 98. (Minore degli anni diciotto). È imputabile chi, nel momento in cui há commesso il fatto, aveva compiuto i quattordici anni, ma non ancora i diciotto, se aveva capacità d'intendere e di volere; ma la pena è diminuita (65, 169, 222, 224 ss.).

Quando la pena detentiva inflitta è inferiore a cinque anni, o si tratta di pena pecuniaria, alla condanna non conseguono pene acessorie. Se si tratta di pena più grave, la condanna importa soltanto l'interdizione daí pubblici uffici (28) per una durata non superiore a cinque anni, e, nei casi stabiliti dalla legge, la sospensione dall'sercizio della potestà dei genitori o dell'autorità maritale (34; 144 c.c.).

Diferentemente do ordenamento brasileiro, e dos demais ordenamentos em geral, o Código italiano cuida do pormenor, à exaustão.

O Código brasileiro sintetiza no art. 26 o que dispõe o Código italiano nos arts. 85 e 88, se bem que entre nós, além da doença mental (*infermità*), seja feita alusão, no referido dispositivo, ao desenvolvimento incompleto e retardado. Já o art. 89 do CP italiano trata da redução da capacidade em razão de enfermidade, ao passo que o CP brasileiro o faz no parágrafo único do mesmo art. 26.

O CP brasileiro afirma que a emoção e a paixão não excluem a imputabilidade (art. 28, inc. I), ao passo que o diploma italiano dispõe que os estados emotivos ou passionais, de igual forma, também não excluem. Porém, prevê o CP brasileiro, como circunstância atenuante genérica, ter o agente cometido o crime sob *influência* de violenta emoção, provocada por ato injusto da vítima (art. 65, inc. III, letra "*c*"), ou, como causa de diminuição de pena, de um sexto a um terço, se o agente comete o crime sob o *domínio* de violenta emoção, *logo em seguida* a injusta provocação da vítima, no crime de homicídio (art. 121, § 1º) e no crime de lesão corporal (art. 129, § 4º).

A embriaguez é tratada de forma semelhante em ambos os ordenamentos. A decorrente de caso fortuito ou força maior afasta a imputabilidade, se for completa, ou a reduz, se for parcial, acarretando, respectivamente, isenção ou redução da pena. A embriaguez voluntária ou culposa não exclui nem reduz a capacidade. A embriaguez preordenada e a embriaguez habitual, no diploma italiano, preveem aumento de pena.

Na dicção do CP italiano, o surdo-mudo que em razão de sua enfermidade tiver subtraída sua capacidade de entender e de querer será considerado inimputável, mas se a capacidade não for de todo suprimida, e sim significativamente reduzida (*grandemente scemata*), a pena sera diminuída (art. 96).

Cumpre aqui observar a impropriedade técnica do diploma peninsulano, visto que as pessoas surdas não são necessariamente mudas. A própria surdez total constitui-se em fato raro, estimando-se que "somente 1% de todos os surdos seja incapaz de ouvir sons sob quaisquer circunstâncias (Kalat, 1984)".[67] Se o surdo tiver oportunidade de ouvir, ainda que com auxílio de instrumento, é praticamente perene que poderá aprender a falar. O que ocorre é que aquilo que se convencionou denominar *surdo-mudez* consiste, na realidade, em regra, em *surdez*, tão somente! A antiga crença da surdo-mudez decorria do fato de que muitos surdos também não falavam, mas isso não decorria de incapacidade de fala, e sim de uma dificuldade de aprendizagem em face da não audição.

Menciona ainda o *Codice Penale* o tratamento legal dispensado ao agente que pratique o fato sob efeito de estupefacientes, maté-

---

[67] DAVIDOFF, Linda L. *Introdução à Psicologia*. 3ª ed. Trad.Lenke Peres; revisão técnica José Fernando Bittencourt Lômaco. São Paulo: Pearson Makron Books, 2001, p. 159.

ria tratada no ordenamento brasileiro pela Lei de Drogas (Lei nº 11.343/06, arts. 45[68] e 46[69]).

Por fim, relativamente à menoridade, estabelece o diploma italiano serem inimputáveis os menores de quatorze anos (art. 97), ao passo que agentes entre quatorze e dezoito anos são imputáveis, mas possuem em seu favor a previsão de pena reduzida (art. 98).

6.5. Portugal

Em terras lusitanas, o tratamento jurídico-penal da imputabilidade está posto nos arts. 19º e 20º, a ver-se:

> Art. 19º (Inimputabilidade em razão da idade)
>
> Os menores de 16 anos são inimputáveis.
>
> Art. 20º (Inimputabilidade em razão de anomalia psíquica)
>
> 1. É inimputável quem, por força de uma anomalia psíquica, for incapaz, no momento da prática do facto, de avaliar a ilicitude deste ou de se determinar de acordo com essa avaliação.
>
> 2. Pode ser declarado inimputável quem, por força de uma anomalia psíquica grave, não acidental e cujos efeitos não domina, sem que por isso possa ser censurado, tiver, no momento da prática do facto, a capacidade para avaliar a ilicitude deste ou para se determinar de acordo com essa avaliação sensivelmente diminuída.
>
> 3. A comprovada incapacidade do agente para ser influenciado pelas penas pode constituir índice da situação prevista no número anterior.
>
> 4. A imputabilidade não é excluída quando a anomalia psíquica tiver sido provocada pelo agente com intenção de praticar o facto.

Quanto aos menores, estipulou o marco etário em 16 anos, valendo-se do critério biológico puro e simples, consoante tradição do direito continental.

Relativamente à higidez mental, preferiu o legislador português valer-se de técnica de modo a abarcar situações mais abrangentes, sob o título anomalia psíquica, compreendendo toda espécie de

---

[68] Lei nº 11.343/06: Art. 45. É isento de pena o agente que, em razão da dependência, ou sob o efeito, proveniente de caso fortuito ou força maior, de droga, era, ao tempo da ação ou omissão, qualquer que tenha sido a infração penal praticada, inteiramente incapaz de entender o caráter ilícito do fato ou de determinar-se de acordo com esse entendimento.
Parágrafo único. Quando absolver o agente, reconhecendo, por força pericial, que este apresentava, à época do fato previsto neste artigo, as condições referidas no *caput* deste artigo, poderá determinar o juiz, na sentença, o seu encaminhamento para tratamento médico adequado.

[69] Lei nº 11.343/06: Art. 46. As penas podem ser reduzidas de um terço a dois terços se, por força das circunstâncias previstas no art. 45 desta Lei, o agente não possuía, ao tempo da ação ou da omissão, a plena capacidade de entender o caráter ilícito do fato ou de determinar-se de acordo com esse entendimento.

ausência de higidez mental, diferentemente do legislador brasileiro, que preferiu especificar (doença mental, retardo mental, desenvolvimento mental incompleto, embriaguez). No Código português, sequer a embriaguez foi mencionada, como era o caso do Código de 1936, sendo agora abrangida no âmbito do art. 20°.

Segundo o autor do projeto do atual Código na Comissão Revisora, "preferiu-se uma designação ampla à enumeração das doenças e estados psíquicos anómalos susceptíveis de fundamentar a inimputabilidade – já que é muito difícil, e sobretudo muito precário, fazer uma enumeração completa daqueles".[70]

A nosso ver, utilizou de boa técnica o legislador português, ao ser mais abrangente, sem pretensões de pormenorizar as diversas hipóteses possíveis de inimputabilidade. Porém, comparativamente ao tratamento legal brasileiro, no gênero anomalia psíquica, não se poderia incluir os indígenas, nem tampouco os surdos, visto que não apresentam, só por essas condições, qualquer anomalia mental. O problema é outro, é de discrepância sociocognitiva, por ausência de acesso à internalização de certos valores da sociedade, por fatores culturais (índios) ou por ausência de um dos sentidos (surdos), o que pode levá-los a ter um desenvolvimento mental incompleto, não num sentido de déficit de higidez mental, mas num sentido sociocultural.

6.6. Argentina

O Código Penal argentino remonta ao ano de 1921 (Lei n° 11.179/21), tendo entrado em vigor em 29 de abril de 1922. Assim, não segue a técnica dos códigos mais recentes. A problemática da inimputabilidade relativamente à higidez mental é tratada no art. 34, inc. 1° (Título V da Parte General – Imputabilidad), ao passo que a inimputabilidade em razão da idade é tratada em lei específica. Dispõe o referido artigo do CP argentino, em seu inciso 1°:

> Art. 34. No son punibiles:
>
> 1º El que no haya podido en el momento del hecho, ya sea por insuficiencia de sus faculdades, por alteraciones morbosas de las mismas o por su estado de inconsciencia, error o ignorancia de hecho no imputable, comprender la criminalidad del acto o dirigir sus acciones.
>
> En caso de enajenación, el tribunal podrá ordenar la reclusión del agente en un manicomio, del que no saldrá sino por resolución judicial, com audiencia del ministerio

[70] SILVA, Germano Marques da. *Direito Penal Português – Parte geral – Teoria do crime*. Lisboa: Verbo, 1998, p 155.

público y previo dictamen de peritos que declaren desaparecido el peligro de que el enfermo se dañe a sí mismo o a los demás.

En los demás casos en que se absolviere a un procesado por las causales del presente inciso, el tribunal ordenará la reclusión del mismo en un establecimiento adecuado hasta que se comprobare la desaparición de las condiciones que le hicieren peligroso.

O inciso 1º do dispositivo não trata somente da inimputabilidade penal. Explica Eugenio Raúl Zaffaroni[71] que "la fórmula del inc. 1º del art. 34, que no sólo contiene la inimputabilidad y la ausencia de dolo sino que constituye una síntesis de los requerimientos subjetivos del delito en todos sus niveles y, por ende, con la *inconsciencia* y la imposibilidad de dirigir las acciones a secas, también contiene una fórmula de ausencia de acción por incapacidad para la misma". Os demais incisos do art. 34 tratam sobre coação física e moral (inc. 2º), estado de necessidade (inc. 3º), cumprimento de dever e exercício de direito (inc.4º), obediência devida (inc. 5º) e legítima defesa (incs. 6º e 7º).

Adotou o diploma argentino o critério biopsicológico, pois vincula a impossibilidade de *"comprender la criminalidad del acto o dirigir sus acciones"* a causas atinentes a ausência ou insuficiência de higidez mental.

Originalmente, a situação jurídica do menores era tratada no Código Penal. Os artigos 36 ao 39 também estavam compreendidos no Título V da Parte General, que trata da imputabilidade, sendo que referidos dispositivos disciplinavam a situação dos menores de idade que praticassem fato previsto como crime. Porém, a partir do ano de 1954, a prática de fato ilícito perpetrada por menores passou a ser tratada em lei específica, Lei nº 14.394, a qual revogou os citados dispositivos. Atualmente, a matéria (*Régimen Penal de la Minoridad*) é regida pela Lei nº 22.278, de 25 de agosto de 1980, com ulterior redação procedida pela Lei nº 22.803.[72] A seguir, reproduzimos parcialmente – no que pertine ao tema deste livro – o art. 1º da referida lei:

Art. 1º 1) No es punibile el menor que no haya cumplido dieciséis años de edad. Tampoco lo es el que no haya cumplido dieciocho años, respecto de delitos de acción privada o reprimidos con pena privativa de la liberdad que no exceda de dos años, con multa o con inhabilitación.

---

[71] ZAFFARONI, Eugenio Raúl; ALAGIA, Alejandro; SLOKAR, Alejandro. *Derecho Penal – Parte General*. 2ª ed. Buenos Aires: Ediar, 2002, p. 697.

[72] SARRULLE, Oscar E. J.; CARAMUTI, Carlos S. *Código Penal – Parte general – Interpretación sistemática – Doctrina – Jurisprudencia*. Buenos Aires: Editorial Universidad,1992, p. 141.

> Si existiere imputación contra alguno de ellos la autoridad judicial lo dispondrá provisionalmente, procederá a la comprobación del delito, tomará conocimiento directo del menor, de sus padres, tutor o guardador y ordenará los informes y peritaciones conducentes al estudio de su personalidad y de las condiciones familiares y ambientales en que se encuentre.
>
> En caso necesario pondrá al menor en lugar adecuado para su mejor estudio durante el tiempo indispensable.
>
> Si de los estudios realizados resultare que el menor se halla abandonado, falto de asistencia, en peligro material o moral, o presenta problemas de conducta, el juez dispondrá definitivamente del mismo por auto fundado, previa audiencia de los padres, tutor o guardador.
>
> 2) (...).

Consoante se observa, o ordenamento argentino adota a inimputabilidade penal para os menores de 16 anos, segundo o critério biológico. Trata-se de opção político criminal. Eis a lição de Sebastián Soler:[73] "La madurez espiritual, dentro de la ley, no tiene un sentido psicológico, sino que está fijada por un límite jurídico cuantitativo: la edad de 16 años. Puede un menor de esa edad poseer el discernimiento pleno de sus actos o, inversamente, un mayor no haber alcanzado el límite mental de los 16 años, y la situación no cambia. El límite establece una presunción *juris et de jure*". Para os menores de 18 anos, a inimputabilidade é condicionada a certos fatos, quais sejam, aqueles cuja ação penal seja de iniciativa privada e os reprimidos com pena privativa de liberdade que não exceda dois anos ou com multa ou, ainda, com inabilitação.

6.7. Chile

O Chile teve editado seu primeiro (e único) Código Penal em 12 de novembro de 1874, tendo sua vigência a partir de 1° de março de 1875. Portanto, vige o CP chileno há mais de cem anos, embora tenha havido nesse interregno significativas reformulações.

A inimputabilidade penal é tratada no § 2° do Libro I do Título I (De las circunstancias que eximen de responsabilidad criminal):

> Art. 10. Están exentos de responsabilidad criminal:
>
> 1º El loco o demente, a no ser que haya obrado en un intervalo lúcido, y el que, por cualquier causa independiente de su voluntad, se halla privado totalmente de razón.

[73] SOLER, Sebastián. *Derecho Penal Argentino*. 5ª ed. Atualizador Guillermo J. Fierro. Buenos Aires: Tipografica Editora Argentina (TEA), 1987, v. 2, p. 55.

2º El menor de dieciocho años. La responsabilidad de los menores de dieciocho años y mayores de catorce se regulará por lo dispuesto en la ley de responsabilidad juvenil.
(...).

Consoante entendimento da doutrina chilena, o Código Penal chileno ainda adota o critério biológico, hoje quase completamente abandonado pelas legislações. Eduardo Novoa Monreal[74] opõe sua crítica à opção legal: "Este sistema tiene inconvenientes, tanto porque la psiquiatría es una ciencia que dista mucho de haber sentado principios inamovibles, pues se halla en pleno desarrollo, con lo cual los términos pierden su significación o pasan a designar cosas diferentes, como porque con él la pericia psiquiátrica tiende a asumir un papel preponderante, que parece restar al enjuiciamiento del juez las facultades que solamente a éste competen". Alfredo Etcheberry[75] também afirma que a legislação chilena segue fundamentalmente o critério biológico, "condición objetiva del sujeto (presumiendo que ella lo torna siempre inimputable) (...)". Tal opinião é corroborada por Enrique Cury Urzúa:[76] "Con arreglo al criterio absolutamente dominante, el Código Penal chileno consagra fórmulas de tipo psiquiátrico, al menos en lo referente a los casos de inimputabilidad por falta de salud mental, que es donde la diferencia cobra mayor significado práctico". Não obstante, afirma o autor que a jurisprudência, diversamente do entendimento doutrinário, tem adotado o critério misto (biopsicológico).

Cabe ressaltar que o art. 10, 1°, abrange a embriaguez não voluntária, segundo entendimento doutrinário[77] e jurisprudencial.[78] Compulsando-se os intérpretes chilenos, pode-se observar que embriaguez segue o mesmo critério do ordenamento brasileiro, sendo a patológica tratada como doença mental, a não voluntária, levando o agente à isenção de pena, e a voluntária não afastando a responsabilidade penal.

---

[74] NOVOA MONREAL, Eduardo. *Curso de Derecho Penal Chileno – Parte General.* 3ª ed. Santiago: Editorial Juridica de Chile, 1960, t. I, p. 430.

[75] ETCHEBERRY, Alfredo. *Derecho Penal – Parte General.* 3ª ed. Santiago: Editorial Juridica de Chile, 1998, p. 279-280.

[76] URZÚA, Enrique Cury. *Derecho Penal – Parte General.* 8ª ed. Santiago: Ediciones Universidad Católica de Chile, 2005, p. 411.

[77] NOVOA MONREAL, Eduardo. *Curso de Derecho Penal Chileno – Parte General.* 3ª ed. Santiago: Editorial Juridica de Chile, 1960, t. I, p. 451; URZÚA , Enrique Cury. *Derecho Penal – Parte General.* 8ª ed. Santiago: Ediciones Universidad Católica de Chile, 2005, p. 426.

[78] BUSTOS RAMÍREZ, Juan *et al. Texto y Comentario del Codigo Penal Chileno* (dirigida por Sergio Politoff Lifschitz y Luis Ortiz Quiroga; (Coord.). Jean Pierre Matus Acuña. Santiago: Editorial Juridica de Chile, 2003, t. I, p. 105.

Os menores de 18 anos, semelhantemente ao sistema brasileiro, ficam de fora dos ditames do Código Penal, sujeitando-se ao regramento da legislação especial.

6.8. Uruguai

Encerramos nosso olhar aos países vizinhos com o Uruguai. O Código Penal da República Oriental do Uruguay foi editado pela Ley nº 9.155, de 4 de dezembro de 1933, tratando os arts. 30 a 35 de diversas causas de inimputabilidade:

> Art. 30. (*Loucura*)
>
> No es imputable aquél que en el momento que ejecuta el acto por enfermedad física o psíquica, constitucional o adquirida, o por intoxicación, se halle en tal estado de perturbación moral, que no fuere capaz o sólo lo fuere parcialmente, de apreciar el carácter ilícito del mismo, o de determinarse según su verdadera apreciación. Esta disposición es aplicable al que se hallare en el estado de espíritu en ella previsto, por influjo del sueño natural o del hipnótico.
>
> Art. 31. (*Embriaguez*)
>
> No es imputable el que ejecuta un acto en estado de embriaguez, siempre que ésta fuere completa y estuviera determinada por fuerza mayor o caso fortuito.
>
> Art. 32. (Ebriedad habitual)
>
> El ebrio habitual, y el alcoholista, serán internados en un Asilo.
>
> Se considera ebrio habitual el que se embriaga periódicamente y en esse estado comete delito o provoca escándalo, tomándose peligroso.
>
> Se reputa alcoholista al que por la costumbre de ingerir alcohol, sin llegar a la embriaguez, hubiere cometido el hecho en el estado previsto en el artículo 30 del Código.
>
> Art. 33. (Intoxicación)
>
> Las disposiciones precedentes serán aplicables a los que, bajo las condiciones en ellas previstas, ejecutaran el acto bajo la influencia de cualquier estupefaciente.
>
> Art. 34. (Minoría de edad)
>
> No es imputable el que ejecuta el hecho antes de haber cumplido la edad de 18 años.
>
> Art. 35. (*Sordomudez*)
>
> No es imputable el sordomudo antes de haber cumplido los 18 años, ni después, cualquiera fuere su edad, en las condiciones psíquicas previstas por el artículo 30.

O art. 30 trata da "loucura", abrangendo a expressão, segundo Fernando Bayardo Bengoa,[79] "varias situaciones causantes de

---

[79] BENGOA, Fernando Bayardo. *Derecho Penal Uruguayo*. 2ª ed. Montevideo: Centro Estudiantes de Derecho, 1968, t. II, p. 32-33.

obnubilación de la facultad de entender y de querer, a saber: *enfermedad* física o psíquica, constitucional o adquirida, la *intoxicación interna* o autointoxicación y el *sueño*, natural ou hipnótico". Explica o autor[80] que a "enfermedad *física* no es otra cosa que un estado patológico (morboso) que altera el equilíbrio funcional del organismo", ao passo que a "palabra *psíquica* que emplea el Código, tiene un amplio significado, y puede concluirse en el sentido de que en la expresión *enfermedad psíquica* están comprendidos de alguna forma no solamente todos los procesos intelectivos, desde los más elementales hasta los más complejos (percepción, atención, memoria, representación, juicio, razonamiento, etc.), sino inclusive los procesos de la voluntad". De notar-se que o critério adotado é o biopsicológico.

O art. 31 confere à embriaguez completa em razão de caso fortuito ou força maior a mesma solução dada pelo Código brasileiro. Porém, diferentemente de nosso diploma, é expresso com relação à embriaguez habitual, a qual trata como embriaguez patológica, remetendo às condições do art. 30 (que seria o nosso art. 26). O art. 33 estende o tratamento dado à embriaguez à intoxicação em decorrência de drogas (*estupefacientes*), o que, entre nós, é regulado pela Lei nº 11.343/06. O surdo-mudo que se encontrar nas condições psíquicas do art. 30 será tido por inimputável, ou seja, a quem faltar capacidade de entendimento ou de autodeterminação (art. 35).

O tratamento do menor segue o critério biológico, não respondendo criminalmente os menores de 18 anos.

7. A inimputabilidade penal no Código Penal brasileiro

O Código Penal brasileiro cuida da inimputabilidade penal nos arts. 26 a 28, abrangendo a inimputabilidade por doença mental desenvolvimento mental incompleto ou retardado (art. 26, *caput*), a menoridade penal (art. 27) e a inimputabilidade causada por embriaguez acidental (art. 28, § 1º). Seguiremos a sequência aqui apresentada, sendo que relativamente à capacidade reduzida trataremos mais adiante.

[80] BENGOA, Fernando Bayardo. *Derecho Penal Uruguayo*. 2ª ed. Montevideo: Centro Estudiantes de Derecho, 1968, t. II, p. 33.

8. O inimputável acometido de doença mental (CP, art. 26, *caput*)

O Código Penal brasileiro cuida da inimputabilidade, em razão de ausência de higidez mental, no art. 26, *caput*:

Inimputáveis

Art. 26. É isento de pena o agente que, por doença mental ou desenvolvimento mental incompleto ou retardado, era, ao tempo da ação ou da omissão, inteiramente incapaz de entender o caráter ilícito do fato ou de determinar-se de acordo com esse entendimento.

A primeira causa de inimputabilidade mencionada no artigo é a *doença mental*. À expressão deve ser atribuído o mais amplo sentido, abrangendo, além de outras causas, sobretudo as *psicoses*, aí incluída a *esquizofrenia*, como a mais significativa causa de inimputabilidade no âmbito do *caput* do art. 26 do CP. De especial relevância também estão a *embriaguez patológica*, a *toxicomania grave*, os *transtornos bipolares* e as *demências*, tais como *demência senil*, *Alzheimer*, *Pick*, *demência por traumatismo craniano*, etc. Estudo[81] feito no Instituto Psiquiátrico Forense Dr. Maurício Cardoso (IPFMC), de Porto Alegre, revela que, no ano de 1999, dos 618 internos submetidos à medida de segurança, 332 eram esquizofrênicos, correspondendo, assim, a 53,7% do total.

De notar-se, ainda, o problema da comorbidade, presente em muitos casos. Em outro estudo[82] realizado no referido IPFMC, constatou-se que a comorbidade mais frequente foi a conjunção da esquizofrenia com transtornos por uso de substâncias. Com efeito, a comorbidade não é rara. Há levantamentos que "indicam que até dois terços de crianças e adultos com retardo mental têm transtornos mentais comórbidos; essa taxa é bem mais alta do que aquela referida em amostras da comunidade sem retardo mental. A prevalência de psicopatologia parece estar correlacionada à gravidade do retardo mental; quanto mais grave, mais alto o risco para outros transtornos mentais".[83] Assim, muito embora o retardo mental não

---

[81] MENEZES, Ruben de Souza. Psicoses Esquizofrênicas. In: *Psiquiatria forense – 80 anos de prática institucional*. Carlos Alberto Crespo de Souza; Rogério Göttert Cardoso (Orgs.). Porto Alegre: Sulina, 2006, p. 217.

[82] MENEZES, Ruben de Souza. Dados Demográficos e Estatísticos Apresentados pelo IPFMC nos Últimos Cinco Anos. In: *Psiquiatria Forense – 80 Anos de Prática Institucional*. Carlos Alberto Crespo de Souza; Rogério Göttert Cardoso (Orgs.). Porto Alegre: Sulina, 2006, p. 217.

[83] SADOCK, Benjamin James; SADOCK, Virginia. *Compêndio de Psiquiatria – Ciência do Comportamento e Psiquiatria Clínica*. 9ª ed. Trad. Cláudia Dornelles *et al*. Porto Alegre: Artmed, 2007, p. 1.240.

seja considerado doença mental – e sim resultado de um processo patológico no cérebro caracterizado por limitações nas funções intelectual e adaptativa[84] –, observa-se um alto índice de comorbidade, determinando a confluência do retardo com a doença mental. Assim, pode-se afirmar que o retardado mental não é, só por esse fato, doente mental, mas significativa parte dos acometidos de retardo mental também apresentam doença mental.

Neste ponto, cumpre lembrar que a doença mental que esteja a afligir o agente que pratique fato definido como crime poderá ensejar consequência diversa, visto que a doença pode ensejar a inimputabilidade, ou não. Assim, somente haverá inimputabilidade se o agente estiver acometido de doença mental se esta vier a impedi-lo de entender o caráter ilícito do fato ou ainda subtrair do agente a capacidade de autodeterminação de acordo com a apreciação do caráter ilícito do fato.

A doença mental que levar o autor de fato descrito como crime à impossibilidade de compreensão ou de autodeterminação torná-lo-á inimputável, nos termos do art. 26, *caput*, CP, sujeitando-o à medida de segurança. O fator cognitivo é de essencial importância e aqui cabe divisar as alucinações (presentes, *v.g.*, nas esquizofrenias) dos delírios (presentes, *v.g.*, nas pertubações paranoides). Eis a lição de Nancy Andreasen e Donald W. Black:[85]

> As *alucinações* são percepções experienciadas sem um estímulo externo aos órgãos dos sentidos e têm qualidade semelhante à de uma percepção verdadeira. Pacientes com esquizofrenia em geral relatam alucinações auditivas, visuais, táteis, gustativas ou olfativas, ou uma combinação destas. As alucinações auditivas são as mais freqüentes e normalmente são experienciadas na forma de ruídos, música ou, o mais comum, fala ("vozes"). As vozes podem ser murmuradas ou ouvidas com clareza, podem falar palavras, expressões ou frases. As alucinações visuais podem ser simples ou complexas, incluindo *flashes* de luz, pessoas, animais ou objetos. As olfativas e gustativas costumam ser experienciadas juntas, em especial odores ou sabores desagradáveis. As táteis podem ser experienciadas como sensações de ser tocado ou picado, sensações elétricas ou sensação de insetos caminhando sob a pele, o que é chamado de *formicação.*

Relativamente à noção de delírio, afirmam os autores:[86] "Os *delírios* envolvem uma perturbação do pensamento em vez da per-

[84] SADOCK, Benjamin James; SADOCK, Virginia. *Compêndio de Psiquiatria – Ciência do Comportamento e Psiquiatria Clínica*. 9ª ed. Trad. Cláudia Dornelles *et al*. Porto Alegre: Artmed, 2007, p. 1.238.

[85] ANDREASEN, Nancy C.; BLACK, Donald W. *Introdução à Psiquiatria*. 4ª ed. Trad. Magda França Lopes e Cláudia Dornelles. Porto Alegre: Artmed, 2009, p. 130-132..

[86] ANDREASEN, Nancy C.; BLACK, Donald W. *Introdução à Psiquiatria*. 4ª ed. Trad. Magda França Lopes e Cláudia Dornelles. Porto Alegre: Artmed, 2009, p. 132.

cepção. São crenças muito firmes que não são verdadeiras e são contrárias à bagagem educacional e cultural da pessoa. Os delírios que ocorrem em pacientes esquizofrênicos podem ter temas somáticos, grandiosos, religiosos, niilistas, sexuais ou persecutórios. O tipo e a freqüência dos delírios tendem a diferir segundo a cultura. Por exemplo, nos Estados Unidos, um paciente pode se preocupar por estar sendo espionado pela CIA ou pelo FBI, enquanto na África subsaariana, um paciente banto ou zulu provavelmente se preocupará mais com uma possessão por demônios ou espíritos". Segundo ainda os mesmos autores, os delírios e as alucinações são mais comumente encontráveis na esquizofrenia, muito embora ocorram também em outros transtornos.

Como se vê, a dimensão cognitiva, que pode ser afetada por meio de alucinações ou delírios no doente mental, revela significativa importância. Assim, poderá haver um esquizofrênico que venha a praticar homicídio supondo ser o "salvador da pátria"! Porém, nem toda a doença mental, dependendo das circunstâncias, determinará a ocorrência de tal hipótese, ou seja, nem sempre a doença mental determinará a incapacidade de compreensão da realidade fática e da ilicitude de seu comportamento. Pode dar-se o caso de alguém acometido de esquizofrenia, por exemplo, devidamente medicado ter uma vida absolutamente normal, sem qualquer resquício de alienação ou ruptura cognitiva com a realidade. O agente, nessas condições, é plenamente imputável. Imaginemos que esse esquizofrênico, adequadamente medicado, tenha algum desentendimento com um vizinho em razão de discussão por conta de diferenças futebolísticas e resolva dar uma surra em seu oponente, causando-lhe lesões graves. Nesse caso, responderá o autor das lesões por crime, ficando sujeito a uma pena criminal, e não à medida de segurança.

Guido Arturo Palomba[87] exemplifica com "o caso de um doente mental que mandara a filha comprar carnes no açougue. Voltando a menor para casa com troco errado, o pai foi até a venda corrigir a transação. O açougueiro, irritado, passou a destratar o pai, que, para não brigar, saiu de lá. Porém, o irritado açougueiro foi atrás do doente mental, com o facão de cortar carne na mão. Este tropeçou e caiu, e aquele, logo, veio vibrar-lhe golpes com arma. O doente mental, sendo atacado, pegou um pequeno canivete que portava, como qual picava fumo para o cigarrilho de palha, e deu um único

[87] PALOMBA , Guido Arturo. *Tratado de Psiquiatria Forense, Civil e Penal*. São Paulo: Atheneu, 2003, p. 200.

golpe no açougueiro, o que foi causa eficiente de sua morte. Neste caso, não há nexo da doença mental com o delito; um independe do outro: o doente mental não matou o açougueiro em face de manifestações mórbidas da doença de que padecia. Portanto, é caso de imputabilidade, ainda que o agente seja doente mental". Definitivamente, a doença mental só determinará a inimputabilidade do agente se subtrair desse a capacidade de entendimento ou capacidade de autodeterminação, nos moldes do critério biopsicológico, adotado pelo CP brasileiro. Evidente que o doente mental imputável poderá ter agido sob uma excludente de tipicidade, de ilicitude ou mesmo sob uma outra excludente de culpabilidade, como o erro de proibição ou a inexigibilidade de conduta diversa. Nesse caso, o agente deverá ser simplesmente absolvido, sem imposição de medida de segurança.

Abrindo-se um parêntese, interessante notar a inovação trazida aos casos de competência do Tribunal do Júri, consoante redação dada ao art. 415 do CPP pela Lei nº 11.689/08:

> Art. 415. O juiz, fundamentadamente, absolverá desde logo o acusado, quando;
>
> I – provada a inexistência do fato;
>
> II – provado não ser ele autor ou partícipe do fato;
>
> III – o fato não constituir infração penal;
>
> IV – demonstrada causa de isenção de pena ou de exclusão do crime.
>
> Parágrafo único. Não se aplica o disposto no inciso IV do *caput* deste artigo ao caso de *inimputabilidade* prevista no *caput* do art. 26 do Decreto-Lei nº 2.848, de 7 de setembro de 1940 – Código Penal, salvo quando esta for a única tese defensiva (destacamos).

Eis a lição de Aury Lopes Jr.[88] sobre a matéria:

> Quando o réu é inimputável nos termos do art. 26 do Código Penal (devidamente comprovado através do respectivo incidente, art. 149) e, em que pese isso, alega – por exemplo – que não é autor ou partícipe, ou que o fato não existiu ou que agiu ao abrigo de uma causa de exclusão da ilicitude, deverá o juiz analisar o caso seguindo as regras normais de julgamento, ou seja, como se o réu fosse imputável e, portanto, possível a pronúncia, a impronúncia, a desclassificação ou mesmo a absolvição sumária (mas não fundada na inimputabilidade, senão nas causas previstas no art. 415). Aqui, se o réu for absolvido sumariamente porque agiu ao abrigo de uma causa de exclusão da ilicitude ou da culpabilidade, não há que se falar em aplicação de medida de segurança.
>
> Assim, acertadamente, assegura-se ao inimputável o direito ao processo e ao julgamento, pois pode ele ser absolvido sumariamente porque agiu ao abrigo da

[88] LOPES JR., Aury. *Direito Processual Penal e sua Conformidade Constitucional*. 3ª ed. Rio de Janeiro: Lumen Juris, 2010, p. 296-297.

legítima defesa, bem como ser impronunciado ou ainda, ser submetido ao julgamento pelo Tribunal do Júri para que os jurados decidam sobre sua tese defensiva. Finalmente, se submetido a julgamento pelo Tribunal do Júri e for acolhida a tese acusatória, somente então deverá o juiz proferir uma sentença absolutória imprópria, absolvendo e aplicando a medida de segurança (art. 386, parágrafo único, inciso III).

Noutra dimensão, quando o réu alega, *exclusivamente*, que praticou o ato em razão de "doença mental ou desenvolvimento mental incompleto ou retardado", sendo, portanto, ao tempo da ação ou omissão, inteiramente incapaz de entender o caráter ilícito do fato ou de determinar-se de acordo com esse entendimento, deverá o juiz absolver sumariamente e aplicar medida de segurança (ou seja, uma absolvição sumária *imprópria*), seguindo o disposto no art. 386, parágrafo único, inciso III). Evidente que essa postura é censurável, pois não apenas o caso penal do julgamento do júri, como impõe uma medida de segurança (o que é, faticamente, até mais grave do que a pena privativa de liberdade) em evidente sentido de condenação. No mesmo sentido, NASSIF critica tal decisão, na medida em que ela passa "efetivamente, por conclusão que, se não fosse a doença mental, seria de caráter condenatório. Com isso, tem-se a nítida impressão de que o juiz trai os limites que lhes são impostos na *judicium accusationis* e furta ao Conselho de Sentença a competência para o julgamento." Conclui o autor no sentido de que o dispositivo é substancialmente inconstitucional, pois afronta os princípios constitucionais da ampla defesa e do juiz natural (pois retira do júri a competência para o julgamento).

Porém, fechando-se o parêntese da questão atinente ao júri e retomando a análise com respeito aos casos da competência do juiz singular, pode-se afirmar que uma vez afirmada a inimputabilidade decorrente de doença mental, e não estando o agente albergado por qualquer outra excludente, fica o autor do fato sujeito à medida de segurança.

A imposição de medida de segurança é resultado daquilo que na terminologia processual penal denomina-se *sentença absolutória imprópria*[89] (CPP, art. 386, inc. V, parágrafo único, inc. III). As medidas de segurança são: internação em hospital de custódia e tratamento psiquiátrico ou, à falta, em outro estabelecimento adequado; sujeição a tratamento ambulatorial. A primeira é aplicável ao agente inimputável que tenha praticado fato previsto como crime punível com pena de reclusão. A segunda, aos agentes que tenham praticado crime punível com pena de detenção. O art. 97, *caput*, neste último caso, dispõe que "poderá o juiz submetê-lo a tratamento ambulatorial", o que entendemos correto, visto que a depender do es-

[89] OLIVEIRA, Eugênio Pacelli de. *Curso de Processo Penal*. 13ª ed. Rio de Janeiro: Lumen Juris, 2010, p. 609; LIMA, Marcellus Polastri. *Curso de Processo Penal*. Rio de Janeiro: Lumen Juris, 2006, v. III, p. 166.

tado do agente, pode dar-se o caso de ser incompatível o tratamento ambulatorial, sendo necessária, assim, a internação.

A Lei das Contravenções Penais (LCP), Dec.-Lei nº 3.688/41, preceitua, em seu art. 13, a aplicação das medidas de segurança estabelecidas no Código Penal.

9. O inimputável acometido de retardo mental (CP, art. 26, *caput*)

Neste ponto, invertemos a sequência disposta no *caput* do art. 26 do Código Penal pelo fato de tratarmos, adiante, do desenvolvimento mental incompleto, que abrange, além das categorias enquadráveis no artigo mencionado, também a hipótese do menor de 18 anos, prevista no art. 27, por isso a alteração sequencial.

Relativamente ao retardado mental, enquadrar-se-iam nessa categoria, segundo a terminologia tradicional, os *oligofrênicos*, cuja característica é o acentuado déficit de inteligência, assim considerados os portadores de *idiotia* (a *oligofrenia grave*, com QI menor do que 25), de *imbecilidade* (a *oligofrenia moderada*, QI 25-49) e a *debilidade mental* (a *oligofrenia leve*, QI 50-69).[90]

Essa terminologia, no entanto, tem sido rechaçada, em razão do caráter pejorativo que assumiu. Assim, apontou-se como preferível falar-se simplesmente em *retardo mental* e mais recentemente em *deficiência intelectual* (*transtorno do desenvolvimento intelectual*), em seus diversos graus. As várias classificações do retardo mental estão codificadas no eixo II do DSM-IV, quais sejam, o retardo mental profundo, o grave, o moderado e o leve, além da gravidade inespecificada, nos casos em que "existe uma forte suspeita de retardo mental, mas o indivíduo não pode ser adequadamente testado pelos instrumentos habituais de medição da inteligência".[91] A categoria retardo mental limítrofe foi eliminada em 1973.

---

[90] Consulte-se BRUNO, Aníbal. *Direito Penal*. 3ª ed. Rio de Janeiro: Forense, 1967, tomo II, p. 135; MARQUES, José Frederico. *Tratado de Direito Penal*. 2ª ed. São Paulo: Saraiva, 1965, vol. II, p. 177; MESTIERI, João. *Manual de Direito Penal – Parte Geral*. Rio de Janeiro: Forense, 1999, vol. I, p. 173; BRANDÃO, Cláudio. *Curso de Direito Penal – Parte Geral*. Rio de Janeiro: Forense, 2008, p. 225; PALOMBA, Guido Arturo. *Tratado de Psiquiatria Forense, Civil e Penal*. Rio de Janeiro: Forense, 2003, p. 202.

[91] Conforme DSM-IV-TR, p. 75.

O *retardo mental profundo*[92] atinge de 1 a 2% das pessoas com retardo mental, cuja variação de QI está abaixo de 20-25, apresentando na idade pré-escolar (de 0 a 5 anos) retardo significativo, com capacidade mínima para funcionar em áreas sensório-motoras, com necessidade de auxílio e supervisão constantes. Na idade entre 6 e 20 anos, as pessoas portadoras desse retardo apresentam algum desenvolvimento motor, podendo responder a treinamento mínimo ou limitado em autoajuda. Na fase adulta, a partir dos 21 anos, podem apresentar algum desenvolvimento motor e de fala, necessitando de auxílio de enfermagem e com autocuidado muito limitado.

O *retardo mental grave* ocorre em aproximadamente em 4% das pessoas detentoras de retardo mental, cuja variação de QI gira em torno de 20-25 e 35-40. Na idade pré-escolar, apresentam um desenvolvimento motor pobre, fala mínima, com pouca ou nenhuma habilidade de comunicação e, em geral, com incapacidade de beneficiarem-se de treinamento em autoajuda ou cuidado. Na idade adulta, poderão executar tarefas simples sob supervisão. A maioria adapta-se à vida em comunidade, desde que não apresentem alguma outra deficiência associada e que exija um maior cuidado, como o de acompanhamento de enfermagem, por exemplo.

O *retardo mental moderado* corresponde a cerca de 10% das pessoas acometidas com retardo mental, e equivale, essencialmente, à antiga categoria pedagógica dos "treináveis", com variação de QI entre 35-40 e 50-55. Segundo o DSM-IV-TR, este termo não deve mais ser utilizado por implicar, erroneamente, que as pessoas com retardo mental moderado não podem se beneficiar de programas educacionais. A maioria das pessoas abrangidas por essa categoria adquire habilidades de comunicação durante os primeiros anos da infância, são beneficiários de treinamento profissional, podendo tomar conta de si mesmo, desde que acompanhados de alguma supervisão. Podem, com treinamento, desenvolver habilidades sociais e ocupacionais, mas há probabilidade de não progredirem além da segunda série do ensino fundamental. Na adolescência, a dificuldade de relacionamento no meio social decorrerá da dificuldade no reconhecimento de convenções sociais. Na idade adulta, a maior parte é capaz de executar trabalhos que não exijam qualificação, ou que exijam alguma qualificação, sob supervisão, podendo haver uma boa adaptação à vida em comunidade e ao mercado trabalho,

[92] Os dados apresentados sobre os níveis de gravidade do retardo mental encontram-se no DSM-IV-TR, p. 73 e ss.

necessitando de supervisão, isto é, estará presente aqui a necessidade de tutela em alguma medida.

O *retardo mental **leve*** ocorre em cerca de 85% dos acometidos com retardo mental e corresponde, basicamente, à antiga categoria pedagógica dos denominados "educáveis", estando a variação de QI de 50-55 até aproximadamente 70. Desenvolvem habilidades sociais e de comunicação durante os anos pré-escolares, apresentam um comprometimento mínimo nas áreas sensório-motoras, e com frequência não são facilmente identificáveis em comparação a crianças sem o retardo leve até uma idade mais tardia. Podem, ao final da adolescência, atingir habilidades acadêmicas mais ou menos equivalentes à sexta série. Na idade adulta, adquirem, em geral, habilidades profissionais aptas a custear despesas próprias, mas com possibilidade de necessitarem de supervisão, orientação e assistência, notadamente quando sob significativo estresse social ou econômico. Com suporte apropriado, podem viver sem problemas na vida em sociedade, tanto de forma mais autônoma e independente, em certos casos, ou com necessidade de supervisão, em outros.

Por sua vez, o DSM-5[93] substituiu o termo *retardo mental*, utilizado no DSM-IV, pela expressão *deficiência intelectual* (*transtorno do desenvolvimento intelectual*) ou *intellectual disability* (*intelectual developmental disorder*), que, segundo o Manual mais recente, passou a ser de uso comum nas duas últimas décadas entre profissionais da Medicina, da Educação e outros profissionais e pelo público leigo e grupos de apoio, sendo a gravidade determinada pelo funcionamento adaptativo – pelo fato de ser determinante com respeito ao nível de apoio –, e não pelo escore do QI. O DSM-5 especifica a gravidade da deficiência intelectual em leve, moderada, grave e profunda, semelhante, portanto, ao modelo anterior – o do retardo mental –, supra delineado.

Como se sabe, o DSM é um Manual publicado pela *American Psychiatric Association*. Assim, a alteração terminológica encontra maior repercussão nos Estados Unidos da América, país que, a propósito, editou uma Lei Federal (*Public Law* 111-256, *Rosa's Law*) substituindo termo *retardo mental* por *deficiência mental*.

Porém, neste livro utilizaremos tanto a expressão retardo mental, como também a expressão deficiência intelectual, seja porque a primeira encontra-se consagrada entre nós, seja porque o próprio

---

[93] Sobre a alteração referida, vide DSM-5, p. 31-41.

Código Penal utiliza a termo desenvolvimento mental retardado (art. 26, *caput* e parágrafo único).

Considerando o critério biopsicológico adotado pelo Código Penal brasileiro, bem como a complexidade dos fenômenos criminosos – diz-se que não há dois crimes rigorosamente idênticos – e da própria condição individual de cada pessoa acometida de retardo, como o grau do retardo, avanços que desenvolveu, etc., a pessoa acometida poderá ser inimputável, semi-imputável ou imputável, não sendo o caso aqui de apresentarmos um catálogo ao estilo *prêt-à-porter*, com rigor lógico e hermético. Como regra, não definitiva, o retardo mental leve não retirará do agente a capacidade penal, ao passo que o retardo profundo poderá levar o agente a uma condição tanto de imputabilidade como de semi-imputabilidade. A riqueza da realidade dos fenômenos não deve se render aos estreitos limites da lógica formal, de modo a ter-se um prévio esquema pronto, apto a tudo resolver. Melhor é reconhecermos o contexto de complexidade das relações sociais em que vivemos e entender que cada caso deverá ser apreciado em concreto por profissional habilitado. Consoante assinala Francisco de Assis Toledo,[94] as "mesmas causas acima examinadas [referindo-se o autor as causas de inimputabilidade constantes no *caput* do art. 26 do CP], tal seja o grau de sua evolução,podem conduzir não a anulação completa, mas a uma redução da capacidade de compreensão ou de autodeterminação do agente". A afirmação do penalista pode ser completada com a consideração de que as causas de inimputabilidade podem levar tão somente à redução da capacidade, mas pode, em certos casos, não vir a sequer restringir a capacidade penal, restando o agente, seja doente mental, seja retardado mental, plenamente imputável.

Nessa vereda, se o retardo mental (o leve, *v.g.*) não retirar a capacidade de entendimento e de autodeterminação do agente, será ele imputável, podendo seu comportamento delituoso ser considerado censurável, ou seja, culpável, cuja consequência será a pena criminal. Se houver redução da capacidade, terá lugar a imposição de pena com redução em seu *quantum* de 1/3 a 2/3, nos moldes do parágrafo único do art. 26, sendo de observa-se, todavia, a possibilidade de substituição da pena reduzida pela medida de segurança, "necessitando o condenado de especial tratamento curativo", conforme prevê o art. 98 do Código Penal. No entanto, se o retardo mental for em tal grau que nas circunstâncias concretas retirar do

---

[94] TOLEDO, Francisco de Assis. *Princípios Básicos de Direito Penal*. 5ª ed. São Paulo: Saraiva, 1994, p. 317.

agente a capacidade de entendimento e de autodeterminação, deverá ser imposta a medida de segurança.

A título de ilustração, apresentamos um caso avaliado no Instituto Psiquiátrico Forense Dr. Maurício Cardoso: "Paulo, 23 anos, analfabeto e sem profissão, natural e procedente de cidade interiorana. A história foi colhida com o auxílio de seu pai, uma vez que a mãe já é falecida. Ela era alcoolista. Seu parto foi normal e não apresentou complicações. Paulo começou a falar e caminhar mais tarde que os demais irmãos (que são nove), mas não sabe precisar a idade. Tentou cursar a escola e diz que não terminou o ano porque 'eu briguei com um colega. Ele me deu um canivetaço na barriga e eu dei um cadeiraço nele. Por isso fui expulso' (sic). Seu pai diz que este fato não existiu e que a professora 'já percebia que ele era bom para estudar' (sic). Conta que começou a trabalhar há um ano, como zelador de uma casa, mas que 'a Polícia Federal não quer mais que ninguém faça zeladoria' e que estaria trabalhando na Prefeitura como gari. Anteriormente vendia picolés e cuidava de carros na rua. Seu pai desmente os fatos, dizendo que o periciado ou comia os picolés ou os deixava derreter e que não trabalhou como gari, mas que às vezes corria atrás do caminhão do lixo acompanhando o irmão, este sim, gari. Nunca teve namorada ou qualquer relacionamento afetivo ou sexual. Mora só, em uma casa nos fundos da casa de seu pai. Faz contas de um dígito, lida com dinheiro, mas de pouco valor, e tem dificuldades para realizar abstrações. Os exames clínico e neurológico não mostraram alterações. Seu delito foi o de arrobamento, 'tentando subtrair, para si, um motor de poço, de propriedade da vítima, que se encontrava no interior da residência' (*sic*). Foi diagnosticado como portador de retardo mental leve e enquadrado no parágrafo do artigo 26 do Código Penal, sendo entendido como semi-imputável. Foi recomendado tratamento na comunidade (APAE)".[95] No exemplo aqui trazido, observa-se que os peritos consideraram ser caso de capacidade reduzida, cuja previsão do suprarreferido parágrafo do art. 26 é a pena reduzida, mas apontando como solução o tratamento na APAE, como medida substitutiva da pena, conforme prevê o art. 98 que acima mencionamos.

Eis outro exemplo: "Consta da denúncia que o réu constrangeu sua filha com 21 anos de idade e outra com 15, mediante violência, a

---

[95] ZORATTO, Pedro Henrique Iserhard; MARKUS, Ricardo Luiz Engel. Retardo mental. In: *Psiquiatria Forense – 80 anos de Prática Institucional*. Carlos Alberto Crespo de Souza; Rogério Göttert Cardoso (Orgs.). Porto Alegre: Sulina, 2006, p. 183.

permitirem a prática de atos libidinosos diversos da conjunção carnal. O examinado aguardava que elas adormecessem para adentrar ao quarto e utilizando-se de uma tesoura, de maneira sutil, para evitar que acordassem, cortava a calça, o *shorts* (*sic*) e a calcinha da mais velha, para em seguida deitar-se ao lado dela e masturbar-se. Consta, ainda, que no mesmo aposento havia outros menores, irmãos da vítima, que eram induzidos a presenciar os atos libidinosos praticados (...). Trata-se de indivíduo rude, cuja conformação cerebral encaixa-se muito bem nas descrições lombrosianas, porquanto é portador de clara trigonocefalia. Psiquicamente não apresenta valores éticos-sociais, sem cultura, com a inteligência prática pobre, e a abstrativa nula. É impulsivo, irritado, agressivo, primitivo afetivamente, cujo mal, sem dúvida, comporta o diagnóstico de retardamento mental moderado, além de permitir também que se diga que é portador de periculosidade social e de baixíssimo grau de emendabilidade. Quanto à questão da imputabilidade, o seu grau de retardamento mental permite asseverar que o ato delituoso que praticou lhe pode ser semi-imputado penalmente, pois, à época, era parcialmente capaz de entender o que fazia".[96] Assim, no caso aqui reproduzido, consoante o laudo pericial, ao agente deveria ser infligida uma pena reduzida.

Neste ponto, é importante restar fixado que o desenvolvimento mental retardado tanto poderá ensejar caso de incapacidade ou inimputabilidade (art. 26, *caput*), como, também de capacidade relativa ou semi-imputabilidade. Há que se ter em conta o caso concreto.

10. O inimputável em razão de desenvolvimento incompleto (CP, art. 26, *caput*)

Em geral, a doutrina afirma que o *desenvolvimento mental incompleto* estaria a albergar os *indígenas*, os *surdos-mudos* e também os *menores de dezoito anos*. Os menores, sob o critério biológico, estão expressamente indicados no art. 27 do CP, ao passo que os indígenas, ainda que de forma não expressa, se enquadrariam na hipótese do art. 26, e isso de forma confessada, consoante se observa da Exposição de Motivos da Parte Geral do Código Penal, em sua

[96] PALOMBA, Guido Arturo. *Tratado de Psiquiatria Forense, Civil e Penal*. São Paulo: Atheneu, 2003, p. 498.

versão original. Os (impropriamente denominados) surdos-mudos são considerados inimputáveis por um setor doutrinário, os quais são expressamente assim considerados, *v.g.*, no Código Rocco. Essas categorias serão tratadas nos próximos tópicos.

10.1. O indígena

A Exposição de Motivos da Parte Geral do Código Penal, em sua versão original, fazia menção ao desenvolvimento mental incompleto, opção que poderia ser tida como desnecessária, visto que o Código já tratava especificamente da hipótese do menor, hipótese aí enquadrável. No entanto, como obtemperava Nelson Hungria, "a Comissão Revisora entendeu que sob tal rubrica entrariam, por interpretação extensiva, os *silvícolas*, evitando-se que uma expressa alusão a estes fizesse supor falsamente, no estrangeiro, que ainda somos um país infestado de gentio".[97] Ou seja, a Comissão Revisora pretendeu atribuir ao indígena a qualidade de detentor de desenvolvimento mental incompleto, mas não o quis fazer, referindo-se direta e expressamente à mencionada etnia, a fim de que alhures não se imaginasse que nós, brasileiros, nos constituiríamos, por assim dizer, basicamente de índios, ou pelo menos de índios em larga escala.

Ao entendimento de que se trataria o indígena de inimputável contrapunha-se Heleno Cláudio Fragoso,[98] para quem "só impropriamente se pode dizer que tenham desenvolvimento mental *incompleto*". No entanto, a doutrina (ainda) majoritária posicionava-se (e ainda se posiciona) no sentido de que falta ao indígena a capacidade de culpabilidade (pelo menos no que diz respeito ao não aculturado), não apenas juristas[99] como também profissionais da medicina forense. Neste sentido, Hélio Gomes[100] assevera "que em nenhuma hipótese um silvícola deve ser, criminalmente, equiparado a um indivíduo normal, qualquer que seja seu aparente grau de

---

[97] HUNGRIA, Nelson; FRAGOSO, Heleno Cláudio. *Comentários ao Código Penal*. 5ª ed. Rio de Janeiro: Forense, 1978, v. I, t. II, p. 337. No mesmo sentido: MARQUES, José Frederico. *Tratado de Direito Penal*. 2ª ed. São Paulo: Saraiva, 1965, v. 2º, p. 177-178.

[98] FRAGOSO, Heleno Cláudio. *Lições de Direito Penal – Parte Geral*. 12ª ed. rev. e atualizada por Fernando Fragoso. Rio de Janeiro: Forense, 1990, p. 199.

[99] Assim, dentre outros: VARGAS, José Cirilo. *Instituições de Direito Penal – Parte Geral*. Belo Horizonte: Del Rey, 1997, t. I, p. 354; JORGE, Wiliam Wanderley. *Curso de Direito Penal*. 7ª ed. Rio de Janeiro: Forense, 2005 p. 306; BITENCOURT, Cezar Roberto. *Manual de Direito Penal*. 5ª ed. São Paulo: Saraiva, 1999, 306.

[100] GOMES, Hélio. *Medicina Legal*. 27ª ed. Rio de Janeiro: Freitas Bastos, 1989, p. 101.

adaptação ao meio". A seu turno, Guálter Adolfo Lutz,[101] que foi professor de Medicina Legal na Universidade do Brasil, em artigo publicado em 1941, sustentava que o então novo Código Penal teria deixado implícito na redação do artigo e explícito na Exposição de Motivos "a anexação aos atrasados dos indivíduos dificilmente educáveis, por motivo de surdo-mudez, etc., e os selvícolas". Não obstante tal posição, esclarecia o autor que cada caso mereceria um estudo individual.

Na história do Brasil, consoante relata Sérgio Buarque de Holanda,[102] os índios sempre tiveram uma visão peculiar a recair sobre eles, o que proporcionou também um tratamento peculiar a eles dispensado. Chegaram a ser tidos como "seres subumanos, desprovidos de alma, estando mais próximos dos animais".[103] Porém, os tempos mudaram, e o entendimento no que concerne à capacidade penal do indígena também, ao menos no que diz respeito à significativa corrente, incluindo o Supremo Tribunal Federal.

Marcelo Beckhausen,[104] em estudo sobre o reconhecimento da cultura indígena pela Constituição Federal de 1988, sustenta que a Lei Maior conferiu um novo *status* aos indígenas, devendo ser aceita a sua cultura em sua diversidade, e, portanto, consequentemente, com reflexos no campo jurídico. João Mestieri[105] entende que categorizar o indígena como detentor de desenvolvimento incompleto, consoante pretendeu o legislador de 1940 (e assim manifestado na Exposição de Motivos, conforme acima referido), sob os auspícios de Nelson Hungria, é incorrer em equiparação "absurda, e se constitui em verdadeira indignidade".

Posicionamento diverso é adotado por Bruno Heringer Júnior,[106] para quem os silvícolas não devem ser tratados ou considerados como inimputáveis, e sim como passíveis de tratamento no âmbito do erro de proibição, considerando-os, conforme o caso, incursos em uma situação de ausência de compreensão da ilicitude,

---

[101] LUTZ, Guálter Adolfo. A Responsabilidade Criminal no Novo Código Penal. In: *Revista Forense*. Rio de Janeiro, v. 38, nº 88, out. 1941, p. 39.

[102] HOLANDA, Sérgio Buarque de. *Raízes do Brasil*. 26ª ed. São Paulo: Companhia das Letras, 1995, p. 48 e 56.

[103] MARCONI, Marina de Andrade; PRESOTTO, Zelia Maria Neves. *Antropologia – Uma Introdução*. 7ª ed. São Paulo: Atlas, 2009, p. 216.

[104] BECKHAUSEN, Marcelo Veiga. *O Reconhecimento Constitucional da Cultura Indígena*. São Leopoldo: Unisinos, 2000 (dissertação de mestrado), p. 83.

[105] MESTIERI, João. *Manual de Direito Penal*. Rio de Janeiro: Forense, 1999, v. I, p. 173.

[106] HERINGER JÚNIOR, Bruno. A imputabilidade penal do índio. In: *Revista da Ajuris*. Porto Alegre, nº 73, jul. 1998, p. 155-156.

que pode ser vencível ou invencível, com todos os seus consectários. Não acompanhamos semelhante entendimento, visto que, no âmbito da culpabilidade, a capacidade penal constitui antecedente lógico em relação ao erro de proibição. Assim sendo, só poderá incorrer em erro de proibição o penalmente imputável. Ora, se o agente sequer tem condições de entendimento do caráter ilícito do fato, desde logo é de afastar-se a culpabilidade, a censurabilidade do fato, não sendo adequada a aferição da consciência do ilícito quando o agente não tinha capacidade para tanto.

Nesses termos, para nós, o entendimento de Bruno Heringer Júnior enfrenta dificuldades, porquanto o erro de proibição deve ser considerado no caso concreto, mas tendo como pressuposto a capacidade de culpabilidade do agente, a qual lhe é anterior. Se o índio não aculturado, de antemão, não pudesse ser detentor da possibilidade de entender a ilicitude por não estar plenamente desenvolvido no plano sociocognitivo, o caso é mesmo de incapacidade, e não de mero erro.

A nosso ver, a questão foi devidamente tratada pelo Supremo Tribunal Federal, que chancelou o entendimento segundo o qual o indígena é penalmente imputável, sendo "dispensável o exame antropológico destinado a aferir o grau de integração do paciente na sociedade se o Juiz afirma sua imputabilidade plena com fundamento na avaliação do grau de escolaridade, da fluência na língua portuguesa e do nível de liderança exercida na quadrilha, entre outros elementos de convicção" (HC 85.198-3, 1ª Turma, rel. Min. Eros Grau, D. J. 09.12.2005)". Em outro julgado, a Suprema Corte também entendeu tratar-se o indígena de imputável, sujeitando-se o "índio às normas do art. 26 e parágrafo único, do CP, que regulam a responsabilidade penal, em geral, inexistindo razão para exames psicológico ou antropológico, se presentes, nos autos, elementos suficientes para afastar qualquer dúvida sobre sua imputabilidade (...)" (HC 79.530-7, 1ª Turma, rel. Min. Ilmar Galvão, D. J. 25.02.2000). Ainda, nesta decisão, salientou o voto condutor, da lavra do eminente relator, que se o índio fosse considerado inimputável não teria nenhum sentido a norma do art. 56 da Lei nº 6.001/73, que estabelece atenuação da pena ao indígena condenado criminalmente. De notar-se, ainda, que *a Corte Suprema*[107] *considera, em princípio, imputável o indígena, sobretudo o aculturado, devendo a inimputabilidade se verificada no caso concreto.*

[107] Vide, ainda: STF, RHC 64.476-7. Em doutrina: BALTAZAR JÚNIOR, José Paulo. *Crimes Federais*. 9ª ed. São Paulo: Saraiva, 2014, p. 583-584.

Sobre aculturação, destacamos a lição de Darcy Ribeiro,[108] que, a seu turno, prefere a expressão *transfiguração étnica*,[109] ao referir o grau de integração das populações indígenas:

1. *Isolados*. São os grupos que vivem em zonas não alcançadas pela sociedade brasileira, só tendo experimentado contatos acidentais e raros com 'civilizados'. Apresentam-se como simplesmente arredios ou como hostis. Nesta categoria s encontram as tribos mais populosas e de maior vigor físico e, também, as únicas que mantêm completa autonomia cultural.

2. *Contato intermitente*. Corresponde àqueles grupos cujos territórios começam a ser alcançados e ocupados pela sociedade nacional. Ainda mantêm certa autonomia cultural, mas vão surgindo necessidades novas cuja satisfação só é possível através de relações econômicas com agente da civilização. Freqüentemente têm relações de ambivalência motivadas, por um lado, pelo temor ao homem branco e, por outro lado, pelo fascínio que exerce sobre eles um equipamento infinitamente superior de ação sobre a natureza. Suas atividades produtivas começam a sofrer uma diversificação pela necessidade de. Além das tarefas habituais, serem obrigados a dedicar um tempo crescente à produção de artigos para troca ou se alugarem como força de trabalho. Sua cultura e sua língua começam já a refletir essas novas experiências através de certas modificações que a acercam das características da sociedade nacional.

3. *Contato permanente*. Incluímos nesta categoria os grupos que já perderam sua autonomia sociocultural, pois se encontram em completa dependência da economia regional para o suprimento de artigos tornados indispensáveis. No entanto, ainda conservam os costumes tradicionais compatíveis com sua nova condição, embora profundamente modificados pelos efeitos cumulativos das compulsões ecológicas, econômicas e culturais que experimentaram. O número de índios capazes de exprimir-se em português aumenta, alargando assim os meios de comunicação com a sociedade nacional. A população indígena tende a diminuir, chegando algumas tribos a índices tão baixos que tornam inoperante a antiga organização social.

4. *Integrados*. Estão incluídos nesta classe aqueles grupos que, tendo experimentado todas as compulsões referidas, conseguiram sobreviver, chegando a nosso dias ilhados em meio à população nacional, a cuja vida econômica se vão incorporando como reserva de mão-de-obra ou como produtores especializados em certos artigos para o comércio. Em geral vivem confinados em parcelas de seus antigos territórios, ou, despojados de suas terras, perambulam de um lugar a outro. Alguns desses grupos perderam sua língua original e, aparentemente, nada os distingue da população rural com que convivem. Igualmente mestiçados, vestindo a mesma roupa, comendo os mesmos alimentos, poderiam ser confundidos com seus vizinhos neobrasileiros, se eles próprios não estivessem certos de que constituem um povo à parte, não guardassem uma espécie de lealdade a essa identidade étnica e se não fosse definidos, visto e discriminados com "índios" pela população circundante.

---

108 RIBEIRO, Darcy. *Os Índios e a Civilização – A Integração das Populações Indígenas no Brasil Moderno*. 7ª ed. São Paulo: Companhia das Letras, 1996, p. 488-489.

109 Idem, *passim*.

Pelo relato do saudoso antropólogo, não se vislumbra razão para se ter o indígena como incapaz, só por esse fato, a não ser nas situações particulares que mencionamos neste estudo. O fato de não ter sofrido uma *transfiguração étnica* – na expressão de Darcy Ribeiro – não lhe retira a capacidade de percepção da ilicitude de um certo fato, exceto se esse fato estiver vinculado a sua cultura como algo lícito. Com efeito, o entendimento esposado pelo Supremo Tribunal Federal parece-nos o mais consentâneo com a realidade indígena e com o que preceitua a Constituição de 1988. O indígena não possui déficit de inteligência ou qualquer pretensa anomalia mental. Na verdade, o silvícola não adaptado, no caso de sua inadaptação subtrair a capacidade de entendimento de determinado fato, pode constituir caso de inimputabilidade em razão de inadaptação sociocognitiva, ou seja, um déficit de desenvolvimento no plano cultural. Assim, *para satisfazer aos reclamos do art. 26 do Código Penal, poder-se-ia admitir o índio não aculturado como tendo desenvolvimento mental incompleto, apenas em determinados casos concretos*, e isso no escopo de empreender-se uma *interpretação mais favorável a ele, apenas num sentido segundo o qual não seria detentor de certos níveis de conhecimento no plano sociocognitivo, jamais no plano de uma hipótese de suposta anomalia*. Não se trata aqui de patologia, mas, como ensinava E. Magalhães Noronha,[110] "de inadaptação a um viver de nível cultural que não possuem". Como afirmamos na introdução, o direito é dado pela interpretação, tendo-se em conta inarredavelmente a faticidade. Como ressalta A. Castanheira Neves[111] uma *boa* interpretação "é antes aquela que numa perspectiva prático-normativa utiliza bem a norma como critério da justa decisão do problema concreto". A título de exemplo,[112] se bem que hoje superado por tribos aculturadas, mencionamos a ausência de restrição a prática do aborto, de acordo com antiga cultura indígena, pois, em conformidade com referida cultura, a mulher dispunha livremente de seu corpo. Peculiar era também a antiga crença indígena segundo a qual o nascimento de gêmeos era considerado anormal por suposta interferência de espíritos malignos. Nesse caso, a segunda criança, ao nascer era sacrificada, ao passo que, se fossem do mesmo sexo, ambos eram estrangulados. Outro fator que levava os indígenas a sacrificar

---

[110] NORONHA, E. Magalhães. *Direito Penal – Introdução e Parte Geral*. 25ª ed. atual. por Adalberto José Q. São Paulo: Saraiva, 1987, v. 1, p. 164.

[111] CASTANHEIRA NEVES. A. *Metodologia Jurídica – Problemas Fundamentais*. Coimbra: Coimbra Editora, 1993, p. 84.

[112] Consulte-se: COLAÇO, Thaís Luzia. *Incapacidade Indígena: Tutela Religiosa e Violação do Direito Guarani nas Missões Jesuíticas*. Curitiba: Juruá, 1999, p. 50-51.

recém-nascido dava-se em casos em que a mulher sonhava com parentes recém-falecidos, sobretudo quando a morte era atribuída à feitiçaria.

Pode-se engendrar enfoque diverso, a partir de prática não considerada delituosa por não indígenas, mas delituosas para os silvícolas, as quais, a juízo desses mereceriam punição. Para eles, o incesto,[113] *v.g.*, mais do que pertencer ao direito penal indígena, pertencia ao direito penal público, segundo distinção utilizada entre direito penal público e direito penal privado, sendo o primeiro reservado a casos mais graves e relevantes. Assim, em um semelhante contexto, não se poderá considerar crime, por ausência de capacidade do indígena, e, por conseguinte, ausência de reprovação ético-jurídica, o fato de haver em determinada tribo não aculturada a imposição de uma pena a quem incorresse em prática de incesto. Assim sendo, poder-se-ia se concluir que indígenas em um contexto tal como o referido, não teriam capacidade de entender o caráter ilícito de uma punição procedida pela tribo, quando o *direito indígena* assim estipulasse. Nesse contexto, a punição seria absolutamente "legal", ainda que para os não indígenas se tratasse o incesto de fato não punível. Assim, o indígena executor da punição infligida a outro indígena, em razão de este ter praticado incesto tido por inaceitável na tribo, constituindo crime, não poderia ser punido pelo "nosso" direito, por tratar-se de pessoa incapaz, inimputável, mas num sentido cultural, e não de déficit mental. Em consonância com o que afirmamos, há dispositivo expresso, no Estatuto do Índio (Lei nº 6.001/73), ora reproduzido:

> Art. 57. Será tolerada a aplicação, pelos grupos tribais, de acordo com as instituições próprias, de sanções penais ou disciplinares contra os seus membros, desde que não revistam caráter cruel ou infamante, proibida em qualquer caso a pena de morte.

Nas situações peculiares que referimos, poder-se-ia falar, e, frise-se, excepcionalmente, em inimputabilidade do indígena não aculturado, tal o grau de singularidade fática e cultural, sempre apurável no caso concreto. Nesse sentido muito específico, e no escopo de empreender-se a uma interpretação favorável e tuteladora da própria cultura indígena – é dizer: interpretação pautada na Constituição – é que se poderia falar em desenvolvimento incompleto do índio, mas nunca num sentido de deficiência mental (só pelo fato de ser índio), e sim num sentido sociocognitivo, no âmbito

---

[113] COLAÇO, Thaís Luzia. *Incapacidade Indígena:* Tutela Religiosa e Violação do Direito Guarani nas Missões Jesuíticas. Curitiba: Juruá, 1999, p. 186.

das apreensões culturais. Isso não significa afirmar que o índio não poderá, eventualmente, encontrar-se em um estado de inimputabilidade, decorrente de uma situação em que haja ausência de higidez mental – como a psicose, por exemplo –, a qual ensejará aferição de acordo com o critério biopsicológico, tal como é em relação aos não indígenas, o que implicaria a medida de segurança.

Não obstante o fato de os indígenas serem considerados em regra imputáveis (sejam aculturados ou não), prevê o estatuto do índio, em caso de condenação, a atenuação da pena, bem como um especial regime no que tange ao cumprimento, a ver-se:

> Art. 56. No caso de condenação de índio por infração penal, a pena deverá ser atenuada e na sua aplicação o juiz atenderá também ao grau de integração silvícola.
>
> Parágrafo único. As penas de reclusão e de detenção serão cumpridas, se possível,, em regime especial de semiliberdade, no local de funcionamento do órgão federal de assistência aos índios mais próximo da habitação do condenado.

A nosso ver, o tratamento a ser conferido aos indígenas até aqui exposto, bem como a previsão legal ora reproduzida encontra respaldo constitucional, consoante art. 231 da Constituição Federal:

> Art. 231. São reconhecidos aos índios sua organização social, costumes, línguas, crenças e tradições, e os direitos originários sobre as terras que tradicionalmente ocupam, competindo à União demarcá-las, proteger e fazer respeitar todos os seus bens.

Em suma, estamos de pleno acordo com o atualizado entendimento da Suprema Corte, podendo-se articular as seguintes conclusões, numa perspectiva constitucional e antropológica: *a*) o indígena, aculturado ou não, é, em princípio, imputável, podendo ser, como qualquer pessoa, eventualmente, inimputável, ficando sujeito à regra geral, a todos aplicáveis (indígenas ou não) do art. 26 do CP ; *b*) são desnecessários quaisquer exames psicológicos ou antropológicos, no julgamento de indígena, quando o juiz puder aferir a imputabilidade por outros elementos, tais como grau de escolaridade, liderança exercida no empreendimento criminoso, etc.; *c*) o indígena não possui déficit de inteligência ou patologia só por sua condição étnica; *d*) os casos de inimputabilidade de indígena atendem ao critério biopsicológico; *e*) o indígena poderá apresentar excepcionalmente desenvolvimento mental incompleto, e isso para seu benefício, no que tange ao tratamento penal, e se for pela condição mesma de indígena somente numa perspectiva sociocognitiva, ou seja, cultural, jamais considerando-se tais hipóteses como anomalia mental ou como déficit de inteligência. Salvo isso, poderia ser considerado retardado mental se fosse acometido de retardamento como qualquer pessoa, como, por exemplo, se em um caso concreto apresentasse o índio agente de um fato típico na condição de portador de síndrome de *Down*, por hipótese; *f*) ao índio imputável que tenha incorrido em prática delituosa deverá ser aplicada pena atenuada, observando-se o especial tratamento na execução penal, conforme previsto no estatuto do índio.

10.2. O surdo-mudo

A surdo-mudez seria a outra incapacidade penal implícita na locução desenvolvimento mental incompleto, conforme entendimento de antiga doutrina e da própria Exposição de Motivos da Parte Geral do Código, em sua feição original (1940). A expressão surdo-mudo não é precisa. Melhor seria falar-se simplesmente em surdo ou surdez, visto que a quase totalidade dos surdos não são incapazes da fala, desde que possam aprender por meio de algum recurso, é claro. Para um setor doutrinário, o surdo-mudo de nascença seria inimputável, ao passo que com algum grau de aprendizagem seria tido por semi-imputável, sendo, essa, a opinião do psiquiatra Guido Arturo Palomba,[114] por exemplo. Cláudio Brandão[115] afirma que os surdos-mudos se enquadram nas hipóteses de desenvolvimento mental incompleto, visto que "por estarem privados do perfeito domínio do som, não podem chegar à perfeita comunicação com o mundo exterior, assim, têm um desenvolvimento mental incompleto". René Ariel Dotti[116] lembra que no regime do Código Penal de 1890 estabelecia, em seu art. 27, § 7º, que não incorriam em crime "os surdos-mudos de nascimento que não tiverem recebido educação nem instrucção, salvo provando-se que obraram com discernimento", mas que, no sistema vigente, poderá o surdo-mudo ser considerado imputável, semi-imputável ou inimputável, afirmando o autor ser essa a orientação da jurisprudência.

O Código Penal italiano[117] estabelece ser inimputável o surdo-mudo que no momento do cometimento do fato, não possua, por

---

[114] PALOMBA, Guido Arturo. *Tratado de Psiquiatria Forense, Civil e Penal*. São Paulo: Atheneu, 2003, p. 200.

[115] BRANDÃO, Cláudio. *Teoria Jurídica do Crime*. 2ª ed. Rio de Janeiro: Forense, 2002, p. 169.

[116] DOTTI, René Ariel. *Curso de Direito Penal – Parte Geral*. 2ª ed. Rio de Janeiro: Forense, 2004, p. 420.

[117] Codice Penale, art. 96. (*Sordomutismo*). Non è imputabile il sordomuto che, nel momento in cui há commesso il fatto, non aveva, per causa della sua enfermità la capacità d'intendere

causa de sua enfermidade a capacidade de entender e de querer, determinando, ainda, a redução da pena para o caso de a capacidade estar significativamente diminuída.

Ferrando Mantovani,[118] ao interpretar o diploma italiano, obtempera que ainda que a surdo-mudez esteja compreendida entre as causas que excluem ou diminuam a imputabilidade, em razão de a audição e de a linguagem serem fundamentais ao desenvolvimento psíquico do homem, não se pode falar, no entanto, de enfermidade psíquica, mas de um estado físico de redução sensorial que pode produzir um estado de imaturidade psíquica. Para o autor, a surdo-mudez não comporta alguma presunção de inimputabilidade, devendo haver a constatação caso a caso, havendo precedente da jurisprudência italiana[119] em tal sentido.

Com efeito, voltando à situação brasileira, a condição assemelha-se, de certa forma, à do indígena. Por isso poderá ser, de igual forma, imputável, semi-imputável ou inimputável, tudo a depender do caso concreto e da constatação pericial.

Se o surdo-mudo tiver sua capacidade diminuída, ficará sujeito à pena criminal, com a redução de um a dois terços, nos termos do parágrafo do art. 26, podendo ainda ser a pena substituída por medida de segurança (art. 98). Se for inimputável ficará sujeito à medida de segurança. Porém, entendemos que essa deverá ser eminentemente educativa e não restritiva de liberdade, se a incapacidade decorrer especificamente da *surdo-mudez*, sobretudo se o fato típico não se revestir de maior gravidade, ainda que a pena prevista para o tipo incriminador seja a de reclusão.

A evidenciar que o surdo-mudo, ou simplesmente o surdo, não possui déficit mental está o fato de praticamente não haver referência na jurisprudência de casos de inimputabilidade por essa

o di volere (85, 222). Se la capacità d'intendere o di volere era grandemente scemata, ma non esclusa, la pena à diminuita (65, 219).

[118] MANTOVANI. Ferrando. *Diritto Penale*. 3ª ed. Milano: CEDAM, 1992, p. 675.

[119] ALIBRANDI, Luigi. *Il Codice Penale Commentato per Articolo con la Giurisprudenza*. 8ª ed. Piacenza: Casa Editrice La Tribuna, 1998, p. 640: "L'art. 96 c.p. non ravvisa nel sordomutismo uno stato necessariamente psicopatologico, ma richiede soltanto che nel sordomuto tanto la capacità quanto l'incapacità formi oggetto di specifico accertamento, da compiersi, cioè, caso per caso. Il che sta a significare che il sordomutismo non costituisce una vera e propria malattia della mente, valendo soltanto eventualmente ad impedire o ad ostacolare lo stato di sviluppo della psiche e, dunque, la maturità psichica. È sufficiente, pertanto che dalla decisione risulti che il detto accertamento sia stato compiuto e che il giudice abbia congruamente motivato sul punto. Cass. pen., sez. VI, 30 settembre 1996, n. 8817 (ud. 3 luglio 1996), Gangitano. [RV205911]".

causa.[120] Guido Palomba, em seu *Tratado de Psiquiatria Forense*, refere um único caso, e, mesmo assim, em âmbito não criminal, referente a processo de interdição, sendo oportuno reproduzir a conclusão do caso referido: "Trata-se de surdo-mudez de nascença, talvez de origem hereditária, considerando os casos familiares semelhantes relatados. A educação que recebeu é muito pouco para que possa exercer os atos da vida civil, como vender, comprar, dar quitação, hipotecar etc., pois, para tanto, é necessário tirocínio, adequação e conhecimentos específicos do tipo de negócio a ser feito e as suas conseqüências, que o periciando não tem. Dessarte, por desenvolvimento mental incompleto (surdo-mudez), não reúne as mínimas condições para gerir-se e para administrar os seus bens".[121] Não obstante a conclusão do laudo, pensamos que eventual relativação de sua capacidade penal deveria ser constatada caso a caso, considerando o tipo de crime e o contexto em sua concretude.

Por derradeiro, traz-se à colação decisão do Tribunal de Alçada Criminal do Estado de São Paulo:

> O surdo-mudo, máxime se se tratar de defeito congênito ou adquirido nos primeiros anos de vida, representa um déficit intelectual considerável, podendo – em certos casos – acarretar a inimputabilidade ao indivíduo ou determinar a redução de sua responsabilidade criminal. Necessidade, portanto, de se realizar o exame de insanidade mental (TACRIM-SP – AC – Rel. Emeric Levai – BMJ 86/16).

11. O menor de 18 anos (CP, art. 27)

No Brasil, o menor de 18 anos é considerado inimputável, antes mesmo de consagração legal, por consagração constitucional.[122] Outrossim, ainda que a menoridade penal seja subespécie de gênero desenvolvimento mental incompleto, segue o critério biológico, não se enquadrando, assim, por evidente, nas hipóteses do art. 26 do CP, e sim no art. 27,[123] sendo a inimputabilidade presumida

---

[120] Mesmo em outras áreas de conhecimento, como as Neurociências, há dificuldades no campo pesquisa, visto que "indivíduos surdos com lesões nas áreas de linguagem são naturalmente difíceis de serem encontrados". PURVES, Dale *et al*. *Neurociências*. 2ª ed. Trad. Carla Dalmaz *et al*. Porto Alegre: Artmed, 2005, p. 600.

[121] PALOMBA, Guido Arturo. *Tratado de Psiquiatria Forense, Civil e Penal*. São Paulo: Atheneu, 2003, p. 514.

[122] Eis a dicção do texto constitucional: "Art. 228. São penalmente inimputáveis os menores de dezoito anos, sujeitos às normas da legislação especial".

[123] Com a seguinte redação: "Art. 27. Os menores de 18 (dezoito) anos são penalmente inimputáveis, ficando sujeitos às normas estabelecidas na legislação especial".

juris et de jure. O Código Penal Militar estatui, em seu art. 50, que o menor de 18 anos é inimputável, salvo se, já tendo completado 16 anos, revela suficiente desenvolvimento psíquico para entender o caráter ilícito do fato e de determinar-se de acordo com esse entendimento, a exemplo do que ocorre nos EUA, em diversos Estados. Todavia, com a promulgação da Constituição de 1988, tal dispositivo foi revogado, no que tange à relativização do menor de 18 anos e maior de 16, à luz do que estabelece o art. 228 da Lei Maior, que estabeleceu a menoridade penal até os 18 anos, indistintamente.

Américo Taipa de Carvalho,[124] ao tratar da inimputabilidade, divisa-a em inimputabilidade por anomalia psíquica ou inimputabilidade real ou material e inimputabilidade em razão da idade, apontando tratar-se esta última, em muitos casos, de uma pura ficção legal, endossando a fórmula do Código Penal português que em sua dicção consigna que *são considerados como inimputáveis*, e não *são inimputáveis*, pelo fato de, segundo o autor, não ignorar o Código Penal português o fato de haver muitos adolescentes com idade inferior a dezesseis anos que possuem perfeita compreensão da ilicitude dos atos que praticam, mas que por razões político criminais não são alcançados pela pena criminal.

O Estatuto da Criança e do Adolescente (ECA, Lei nº 8.069/90) disciplina a matéria relativa à prática de fato típico perpetrado por menor de 18 anos, utilizando de terminologia peculiar. O menor não pratica crime, e sim *ato infracional*. Também não se sujeita à prisão, mas à *apreensão*. O Juiz de Menores tornou-se Juiz da Infância e da Juventude. Com relação às expressões utilizadas pelo ECA, René Ariel Dotti[125] afirma tratar-se de um tipo de *linguagem dulcificada*.

O autor[126] sintetiza as garantias estabelecidas no ECA, no plano individual e processual:

> *a*) a liberdade, da qual somente será privado diante de flagrante de *ato infracional* ou de ordem escrita de autoridade competente; *b*) a identificação do responsável pela sua apreensão; *c*) ser informado sobre seus direitos quando for preso; *d*) controle jurisdicional de sua detenção; *e*) devido processo legal; *f*) pleno e formal conhecimento da imputação; *g*) igualdade na relação processual; *h*) ampla produção de prova; *i*) defesa técnica por advogado; *j*) assistência judiciária gratuita e

[124] CARVALHO, Américo A. *Taipa de. Direito Penal – Teoria Geral do Crime*. Porto: Publicações Universidade Católica, 2004, p. 310-311.

[125] DOTTI, René Ariel. *Curso de Direito Penal – Parte Geral*. 2ª ed. Rio de Janeiro: Forense, 2004, p. 416.

[126] Idem, p. 413.

integral; *k*) audição pessoal para autoridade competente; *l*) solicitação da presença dos pais ou responsável em qualquer fase do procedimento (ECA, arts. 106 a 111).

Recorremos, ainda, a René Ariel Dotti[127] para delimitar os conceitos de criança e de adolescente e as medidas a eles aplicáveis quando da prática de infração:

> São *crianças* para os efeitos do ECA as pessoas com até 12 (doze) anos incompletos (art. 2º da Lei nº 8.069/90). Na prática de infração penal, a criança estará sujeita às seguintes *medidas de proteção* a serem determinadas pela autoridade competente: *a*) encaminhamento aos pais ou responsáveis; *b*) orientação, apoio e acompanhamento temporários; *c*) matrícula e freqüência obrigatórias em estabelecimento oficial de ensino fundamental; *d*) inclusão em programa comunitário ou oficial de auxílio; *e*) requisição de tratamento médico, psicológico ou psiquiátrico, em regime hospitalar ou ambulatorial; *f*) inclusão em programa oficial ou comunitário de auxílio, orientação e tratamento a alcoólatras e toxicômanos; *g*) abrigo em entidade; *h*) colocação em família substituta. Essa relação, constante do art. 101 do ECA, não é exaustiva.

Prossegue o ilustre professor:[128]

> São *adolescentes* para os efeitos do ECA as pessoas entre 12 (doze) anos completos até 18 (dezoito) anos incompletos (art. 2º da Lei nº 8.069/90). Com os 18 (dezoito) anos completos, cessa a incapacidade penal (CP, art. 27). Considera-se alcançada a maioridade penal a partir do primeiro minuto do dia em que o jovem completa 18 anos, independentemente da hora do nascimento, cf. a regra do art. 10 do CP (Delmanto, *Código Penal Comentado*, p. 53). As medidas socioeducativas que podem ser aplicadas aos adolescentes pela prática de infração penal são seguintes: *a*) advertência; *b*) obrigação de reparar o dano; *c*) prestação de serviços à comunidade; *d*) liberdade assistida; *e*) inserção em regime de semiliberdade; *f*) internação em estabelecimento educacional; *g*) qualquer uma das previstas no art. 101, I a IV, ou sejam: I – encaminhamento aos pais ou responsáveis; II – orientação, apoio e acompanhamento temporários; III – matrícula e freqüência obrigatórias em estabelecimento oficial de ensino fundamental; IV – inclusão em programa comunitário ou oficial de auxílio à família, à criança e ao adolescente.

Do ponto de vista político criminal, observa-se que o Brasil optou por um limite etário à implementação da maioridade penal, em regra, superior em relação ao limite estipulado por outros países, consoante se pode conferir no ponto em que tratamos sobre a inimputabilidade na experiência estrangeira.

---

[127] DOTTI, René Ariel. *Curso de Direito Penal – Parte Geral*. 2ª ed. Rio de Janeiro: Forense, 2004, p. 415.

[128] Idem, p. 415-416.

Por derradeiro, reproduzimos a Súmula 75 do Superior Tribunal de Justiça: Para efeitos penais, o reconhecimento da menoridade do réu requer prova por documento hábil.

12. Alcoolismo: embriaguez patológica (CP, art. 26, *caput*) e embriaguez não patológica (CP, art. 28, §§ 1º e 2º)

Ao considerarmos a embriaguez como fator de inimputabilidade, há que se divisar, antes de tudo, a embriaguez patológica da não patológica. A embriaguez, quando patológica, insere-se no âmbito do art. 26, podendo levar o agente à condição de inimputável (caso do *caput*) ou de semi-imputável (caso do parágrafo único), à medida que o grau da patologia leve o autor de um injusto penal à incapacidade ou à capacidade relativa. Além das hipóteses do art. 26, a embriaguez segue os ditames do art. 28, inc. II, e seus §§ 1º e 2º, podendo levar, a exemplo do art. 26, também à incapacidade ou à capacidade relativa, porém com consequências legais diversas.

No presente ponto, apresentaremos o conceito de embriaguez, os diferentes graus de embriaguez, as características gerais da embriaguez patológica e, por fim, o tratamento legal dado à embriaguez não patológica, consoante art. 28 do Código Penal, incluindo a teoria da *actio libera in causa*.

12.1. Conceito de embriaguez

"A embriaguez", nas precisas palavras de Cláudio Brandão, "é a intoxicação aguda e transitória provocada por álcool ou por outra substância de efeitos análogos".[129] Observa-se que, além do álcool, o conceito abarca, como causa da embriaguez, consoante esclarece José Antonio Paganella Boschi,[130] "qualquer substância de efeitos análogos (artigo 28, inciso II, do CP), como a maconha, o éter, o ópio, a cocaína, o clorofórmio, barbitúricos, etc.".

---

[129] BRANDÃO, Cláudio. *Teoria Jurídica do Crime*. 2ª ed. Rio de Janeiro: Forense, 2002, p. 171.

[130] BOSCHI, José Antonio Paganella. *Das Penas e seus Critérios de Aplicação*. 3ª ed. Porto Alegre: Livraria do Advogado, 2004, p. 266.

A embriaguez implica prejuízos tanto cognitivos como também na autodeterminação, conforme seja o grau de alcoolemia e a tolerância de quem tenha ingerido substância dela causadora.

12.2. Os diferentes graus de embriaguez

Luiz Régis Prado[131] afirma que o grau de alcoolemia "divide-se em: a) *Embriaguez incompleta* – fase de excitação (a partir de 0,8g por ml de sangue); b) *Embriaguez completa* – fase de depressão (cerca de 3g por ml de sangue); c) *Embriaguez comatosa* – fase de letargia, equiparada legalmente à completa (cerca de 4 a 5g por ml de sangue)". Essas fases corresponderiam, conforme Miguel Reale Júnior,[132] "a primeira de expansão do comportamento, de alegria, denominada de fase do macaco, a segunda de agressividade, chamada de fase do leão, e a terceira de prostração conhecida como fase do porco".

Por sua vez, Harold Kaplan e Benjamin Sadock[133] apresentam o seguinte quadro atendendo a relação nível sanguíneo/prejuízo provável: 20-30mg/dl, implicando desempenho motor lentificado e capacidade diminuída para pensar; 30-80mg/dl, aumento nos problemas motores e cognitivos; 80-200mg/dl, aumento na falta de coordenação, erros de julgamento, instabilidade de humor e deterioração na cognição; 200-300mg/dl, nistagmo, acentuado arrastar da fala e apagamentos alcoolistas; 300mg/dl, sinais vitais prejudicados e possível morte.

12.3. Características gerais da embriaguez patológica e tratamento legal

Segundo o dicionário *Dorsch* de Psicologia,[134] "embriaguez patológica é um estado crepuscular com desconhecimento do ambiente e com ilusões dos sentidos provocadas pelo álcool e por drogas ou substâncias entorpecentes".

---

131 PRADO, Luiz Régis. *Curso de Direito Penal Brasileiro – Parte Geral*. 8ª ed. São Paulo: Revista dos Tribunais, 2008, v. 1, p. 378.

132 REALE JÚNIOR. *Instituições de Direito Penal – Parte Geral*. 2ª ed. Rio de Janeiro: Forense, 2004, v. I, p. 215.

133 KAPLAN, Harold I.; SADOCK, Benjamin J. *Tratado de Psiquiatria*. 6ª ed.. Tradução Andrea Caleffi, Dayse Batista, Irineo C. S. Ortiz, Maria Rita Hofmeister e Sandra de Camargo Costa. Porto Alegre: Artmed, 1999, vol. 1, p. 847.

134 DORSCH, Friedrich; HÄCKER, Hartmut; STAPF, Kurt-Hermann. *Dicionário de Psicologia Dorsch*. Petrópolis: Vozes, 2001, p. 296.

Na realidade, a embriaguez patológica, considerando os fins colimados pelo Código Penal, está abrangida pela expressão *doença mental*, nos termos do art. 26, *caput*, ou parágrafo único, conforme, respectivamente, subtraia do agente integral ou parcialmente a capacidade de entendimento ético-jurídico do caráter ilícito do fato ou de autodeterminação segundo esse entendimento relativo ao injusto penal.

São vários os transtornos ligados ao álcool. Assim, conforme Harold I. Kaplan e Benjamin James Sadock,[135] por exemplo, transtorno bipolar I, a esquizofrenia e o transtorno de personalidade antissocial oferecem riscos aumentados para transtornos ulteriores relacionados a substâncias.

Segundo o DSM-IV,[136] em alguns casos, a abstinência pode levar ao *delirium* e a convulsões de grande mal. O Manual refere ainda o *delirium* por intoxicação com álcool, demência persistente induzida por álcool, transtorno amnéstico persistente induzido por álcool, transtorno psicótico induzido por álcool, com delírios, transtorno psicótico induzido por álcool, com alucinações, etc.

Do ponto de vista legal, se o alcoolismo patológico retirar do agente a capacidade de entendimento ou de autodeterminação, ficará ele sujeito à medida de segurança, sendo submetido a tratamento adequado. Valem aqui as palavras ditas quando tratamos do tópico doença mental. No caso de a embriaguez patológica não retirar, mas apenas reduzir a capacidade do agente, ensejará a esse uma pena reduzida nos moldes do parágrafo do art. 26, salvo se ao semi-imputável for recomendável especial tratamento curativo, caso em que a pena cederá lugar à medida de segurança, consoante dicção do art. 98 do Código Penal, caso que requer exame a ser procedido por *expert* da área das ciências da mente.

12.4. Embriaguez não patológica: tratamento legal

O tratamento legal da embriaguez não patológica, não alcançada pelo art. 26, portanto, é fornecido pelo art. 28, em seus §§ 1° e 2°, consoante se observa do dispositivo, que ora se reproduz:

---

[135] Conforme KAPLAN, Harold I.; SADOCK, Benjamin J. *Tratado de Psiquiatria*. 6ª ed. Tradução Andrea Caleffi, Dayse Batista, Irineo C. S. Ortiz, Maria Rita Hofmeister e Sandra de Camargo Costa. Porto Alegre: Artmed, 1999, v. 1, p. 839-840.

[136] Vide DSM-IV, p. 226 e ss.

Art. 28. Não excluem a imputabilidade penal:

I – a emoção ou a paixão;

II – a embriaguez, voluntária ou culposa, pelo álcool ou substância de efeitos análogos.

§ 1º É isento de pena o agente que, por embriaguez completa, proveniente de caso fortuito ou força maior, era, ao tempo da ação ou omissão, inteiramente incapaz de entender o caráter ilícito do fato ou de determinar-se de acordo com esse entendimento.

§ 2º A pena pode ser reduzida de 1 (um) a 2/3 (dois terços), se o agente, por embriaguez, proveniente de caso fortuito ou força maior, não possuía, ao tempo da ação ou da omissão, a plena capacidade de entender o caráter ilícito do fato ou de determinar-se de acordo com esse entendimento.

Passamos à análise do texto nos itens seguintes.

12.4.1. Embriaguez acidental: proveniente de caso fortuito ou força maior

Pode o agente delituoso praticar o fato em situação de embriaguez para a qual ele não tenha concorrido por sua livre vontade, é o caso da embriaguez proveniente de caso fortuito ou da embriaguez decorrente de força maior, que constituem espécies da denominada embriaguez acidental.[137]

A embriaguez proveniente de caso fortuito ocorre em casos em que o agente ignora a natureza tóxica da substância que ingere, ou seja, o fato é *imprevisível*. Formulamos o exemplo de alguém que, convidado para um recepção, pede ao garçom que lhe seja servido um suco de frutas natural, vindo o garçom, por engano, a servir um coquetel de frutas com adição de bebida alcoólica, sem que isso seja percebido pelo convidado, o qual, por ser abstêmio e, por esse fato, revelar pouca resistência ao álcool, venha, por conseguinte, a embriagar-se.

A embriaguez decorrente de força maior dá-se em situações em que o agente não deseja embriagar-se, mas que por atuação de força superior às suas é forçado a ingerir substância tóxica, sendo assim a embriaguez *inevitável*. Eis a lição de Cezar Roberto Bitencourt: "*Força maior* é algo que independe do controle ou da vontade do agente. Ele sabe o que está acontecendo, mas não consegue

---

[137] PRADO, Luiz Régis. *Curso de Direito Penal Brasileiro – Parte Geral*. 8ª ed. São Paulo: Revista dos Tribunais, 2008, v. 1, p. 378.

impedir".[138] Exemplos de tal espécie de embriaguez não são raros em casos de "trotes" a que calouros são submetidos, nos quais são obrigados a ingerir bebida alcoólica, divulgados pela imprensa.

Para os casos de embriaguez acidental completa, o Código isenta de pena o agente quando, ao tempo da ação ou omissão, for inteiramente incapaz de entender o caráter ilícito do fato ou de determinar-se de acordo com esse entendimento.

Nos casos de embriaguez acidental incompleta, a pena poderá ser reduzida de um a dois terços, se o agente não possuir, ao tempo da ação ou omissão, a plena capacidade de entender o caráter ilícito do fato ou de determinar-se de acordo com esse entendimento.

12.4.2. Embriaguez não acidental: voluntária ou culposa

Constituem a embriaguez não acidental[139] a voluntária e a culposa, havendo intencionalidade e decisão pela embriaguez, no caso da primeira, e o não desejo e a não aquiescência em se embriagar, no caso desta.

Assim, na embriaguez voluntária, o agente, com ou sem a intenção delituosa, ingere bebida alcoólica ou substância de efeitos análogos com a intenção de embriagar-se, como no exemplo do sujeito que, entristecido pela ruptura de um relacionamento amoroso, e, na linguagem popular,"enche a cara", e vem a praticar um fato típico penal sob estado de embriaguez.

Na embriaguez culposa, o agente não quer se embriagar, mas ingere bebida alcoólica ou causadora de efeitos análogos e, com isso, embriaga-se por descuido, como é caso do sujeito que ingere várias cervejas em um bar acreditando não estar embriagado, mas, ao levantar-se para ir embora, o chão e as paredes parecem mover-se. O agente que, vindo a dirigir e, assim fazendo, viesse a atropelar pedestre em plena calçada, matando-o, responderia pelo fato.

Em semelhantes casos, o agente é considerado imputável, independentemente de a embriaguez ser completa ou parcial, visto que, na fórmula do Código Penal brasileiro, não há exclusão da imputabilidade (art. 28, II).

---

[138] BITENCOURT, Cezar Roberto. *Teoria Geral do Delito: Uma Visão Panorâmica da Dogmática Penal Brasileira*. Coimbra: Coimbra Editora, 2007, p. 357.

[139] PRADO, Luiz Régis. *Curso de Direito Penal Brasileiro – Parte Geral*. 8ª ed. São Paulo: Revista dos Tribunais, 2008, v. 1, p. 378.

12.5. *Actio libera in causa*

A teoria da *actio libera in causa* (ação livre na causa) remete a considerações em torno do fundamento da responsabilidade penal do sujeito em estado de embriaguez e que são de cunho marcadamente filosófico.

Narcélio de Queiroz[140] afirma que a teoria se deve a obra dos práticos e que se referia, em princípio, a casos em que o agente se embriagava propositalmente para o cometimento de um fato delituoso. Porém, pode-se afirmar que a doutrina remonta à Antiguidade. Pela clareza e poder de síntese, trazemos a lição de Aristóteles, reproduzida por Francisco Assis Toledo: "Aristóteles já a resume: '...punimos alguém por sua própria ignorância, se o consideramos responsável por essa ignorância, como, por exemplo, no caso da embriaguez, em que as penas são dobradas para os delinqüentes, porque o princípio do ato reside no próprio agente que tinha o poder de não se embriagar e que, por isso, torna-se responsável pela sua ignorância'."[141]

Para uma melhor compreensão da teoria, referimos a lição de Nelson Hungria,[142] o qual apresentava as seguintes "hipóteses formuláveis a respeito do indivíduo que comete crimes em estado de embriaguez: *a*) embriagou-se voluntariamente, com o fim preconcebido de cometer o crime; *b*) embriagou-se voluntariamente, sem o fim de cometer o crime, mas prevendo que em tal estado podia vir a cometê-lo e assumindo o risco de tal resultado; *c*) embriagou-se voluntariamente ou imprudentemente, sem prever, mas devendo prever, ou prevendo, mas *esperando* que não ocorresse a eventualidade de vir a cometer o crime; *d*) embriagou-se por caso fortuito ou força maior (sem intenção de se embriagar e não podendo prever os efeitos da bebida)". Para o autor, as três primeiras hipóteses configurariam caso de *actio libera in causa*, com o que não concorda Francisco de Assis Toledo, para quem somente os dois primeiros casos seriam enquadráveis na hipótese, sob o seguinte argumento: "Na hipótese sob *c* só se poderá cogitar, segundo supomos, de um crime culposo e se houver previsão legal, para o que, aliás, dispensável será recorrer-se a outros princípios que não os da culpa

[140] QUEIROZ, Narcélio. *Teoria da "Actio Libera in Causa" e Outras Teses*. Rio de Janeiro: Forense, 1963, p. 13.

[141] TOLEDO, Francisco de Assis. *Princípios Básicos de Direito Penal*. 5ª ed. São Paulo: Saraiva, 1994, p. 322.

[142] HUNGRIA, Nelson; FRAGOSO, Heleno Cláudio. *Comentários ao Código Penal*. 5ª ed. Rio de Janeiro: Forense, 1978, v. I, t. II, p. 388.

stricto sensu, já estudados, os quais oferecem solução adequada. Considerar-se o crime doloso, nessa hipótese, 'segundo a direção ou atitude da residual vontade que existe no estado de ebriedade', constitui, a nosso ver, uma conjugação de culpa e dolo, criatura não menos monstruosa do que a já referida na citação de Binding".[143]

Em suma: para que o autor de delito não venha se socorrer de excludente de imputabilidade a que ele mesmo venha produzir, de modo voluntário ou imprudente, ficando, assim, impune, é que o texto legal determina a não isenção de pena, haja ou não o propósito delituoso no instante em que o sujeito passa a se embriagar. Por fim, verdadeiro e inconteste caso de *actio libera in causa* dá-se quando há o propósito delituoso pré-concebido, hipótese em que, na expressão de Eduardo Correia,[144] "o agente se serve a si próprio como instrumento".

13. Toxicomania (CP, art. 26, e Lei nº 11.343, arts. 45, 46 e 47)

A toxicomania, quando patológica, possui, em regra, tratamento idêntico ao alcoolismo, levando o agente às mesmas consequências da embriaguez, conforme acima visto. Porém, em caso de crime relativo à Lei de Drogas e também no caso de o agente encontrar-se sob o efeito de substância entorpecente de forma acidental, a capacidade penal do agente será disciplinada pela respectiva lei de regência. A seguir, reproduzimos os arts. 45 e 46 da Lei nº 11.343/2006, os quais tratam da matéria:

> Art. 45. É isento de pena o agente que, em razão de dependência, ou sob o efeito, proveniente de caso fortuito ou força maior, de droga, era, ao tempo da ação ou da omissão, qualquer que tenha sido a infração penal praticada, inteiramente incapaz de entender o caráter ilícito do fato ou de determinar-se de acordo com esse entendimento.
>
> Parágrafo único. Quando absolver o agente, reconhecendo, por força pericial, que este apresentava, à época do fato previsto neste artigo, as condições referidas no *caput* deste artigo, poderá determinar o juiz, na sentença, o seu encaminhamento para tratamento médico adequado.

---

[143] TOLEDO, Francisco de Assis. *Princípios Básicos de Direito Penal*. 5ª ed. São Paulo: Saraiva, 1994, p. 325.

[144] CORREIA, Eduardo. *Direito Criminal*. Coimbra: Livraria Almedina, 1971, v. I, p. 363.

Art. 46. As penas podem ser reduzidas de um terço a dois terços se, por força das circunstâncias previstas no art. 45 desta Lei, o agente não possuía, ao tempo da ação ou da omissão, a plena capacidade de entender o caráter ilícito do fato ou de determinar-se de acordo com esse entendimento.

Art. 47. Na sentença condenatória, o juiz, com base em avaliação que ateste a necessidade de encaminhamento do agente para tratamento, realizada por profissional de saúde com competência específica na forma da lei, determinará que a tal se proceda, observado o disposto no art. 26 desta Lei.

Em linhas gerais, observa-se que as soluções legais delineadas nos dispositivos reproduzidos seguem o mesmo desfecho da disciplina da embriaguez adotada pelo Código Penal.

Porém, podemos divisar algumas distinções.

No Código Penal, a embriaguez patológica (dependência) é abrangida pelo art. 26. Retirando a capacidade do agente, ficará isento de pena (art. 26, *caput*), ao passo que se houver diminuição da capacidade, a pena será reduzida (art. 26, parágrafo único).

Por sua vez, o art. 45 da Lei de Drogas cuida tanto da toxicomania ("em razão da dependência") como também das hipóteses em que o agente se encontre "sob o efeito, proveniente de caso fortuito ou força maior, droga" e que, em razão disso, "ao tempo da ação ou da omissão," seja "inteiramente incapaz de entender o caráter ilícito do fato ou de determinar-se de acordo com esse entendimento". De observar-se, porém, que se o agente for inimputável em razão de dependência e o crime praticado não for abrangido pela Lei de Drogas, o agente fica sujeito ao que preceitua o art. 26 do CP, e não ao que dispõe a Lei de Drogas.

Interessante notar que o parágrafo único do citado artigo faculta ao juiz o encaminhamento do agente a tratamento. O fato de o parágrafo único utilizar a expressão "poderá determinar o juiz" o encaminhamento para tratamento médico deve ser entendido tendo em conta que o artigo cuida do caso de toxicomania, e não de incapacidade por ingestão de drogas proveniente de caso fortuito ou força maior. No primeiro caso, trata-se de agente doente. Nessas duas últimas hipóteses, não há doença a tratar. Assim, o fato de o dispositivo referir que o "juiz poderá" determinar o tratamento não se aplica a todos os casos, mas tão só para os agentes considerados doentes.

Se em razão das mesmas causas do antes comentado art. 45 o agente tiver sua capacidade diminuída, as penas poderão ser reduzidas de um a dois terços.

Se entender o julgador tratar-se de caso de encaminhamento do agente para tratamento, deverá observar o disposto no art. 26 da Lei de Drogas, o qual procura estabelecer providências ao resguardo da saúde do agente, a ver-se:

> Art. 26. O usuário e o dependente de drogas que, em razão da prática de infração penal, estiverem cumprindo pena privativa de liberdade ou submetidos à medida de segurança, têm garantidos os serviços de atenção à sua saúde, definidos pelo respectivo sistema penitenciário.

14. Semi-imputabilidade: a capacidade diminuída (CP, art. 26, parágrafo único)

Avultam as controvérsias em torno da capacidade penal diminuída ou semi-imputabilidade. Há quem até mesmo negue esta categoria, como vimos ser o caso do penalista alemão, Claus Roxin. E. Magalhães Noronha[145] lecionava que se houve com acerto o Código Penal ao responsabilizar penalmente os semi-imputáveis visto que tais "indivíduos não têm supressão completa do juízo ético e são, em regra, mais perigosos que os insanos".

O *Codice Penale* italiano impõe a redução da pena em tais casos (arts. 11 e 89), ao passo que o Código Penal alemão faculta a redução da pena (art. 21).

Cuida o Código Penal brasileiro da hipótese no parágrafo único do art. 26:

> Redução de pena
>
> Parágrafo único. A pena pode ser reduzida de um a dois terços, se o agente, em virtude de perturbação de saúde mental ou por desenvolvimento mental incompleto ou retardado não era inteiramente capaz de entender o caráter ilícito do fato ou de determinar-se de acordo com esse entendimento.

Da leitura do parágrafo reproduzido, observa-se que a expressão *doença mental*, foi *substituída* pela expressão *perturbação da saúde mental*, *mantidas*, no entanto, as categorias *desenvolvimento mental incompleto* ou *retardado*.

Nelson Hungria responde à crítica segundo a qual haveria impropriedade em substituir-se a expressão *doença mental* por *perturbação da saúde mental*, que teriam significado idêntico. Eis a lição do

---

[145] NORONHA, E. Magalhães. *Direito Penal – Introdução e Parte Geral*. 25ª ed. atual. por Adalberto José Q. São Paulo: Saraiva, 1987, v. 1, p. 165.

autor: "Não procede a crítica. Se toda doença mental é uma perturbação da saúde mental, a recíproca não é verdadeira: nem toda perturbação da saúde mental constitui uma nítida, característica *doença mental*".[146]

Adotaremos um procedimento semelhante ao que adotamos quando da análise do *caput* do art. 26, arrolando, para fins didáticos, as hipóteses segundo ordenação do texto legal, ou seja, perturbação da saúde mental, o retardo mental e o desenvolvimento mental incompleto, e as subespécies enquadráveis em tais categorias.

15. Perturbação da saúde mental

Diz-se a *perturbação da saúde mental* mais abrangente do que a expressão doença mental. Assim, a doença mental resta abrangida por aquela. Portanto, se a doença mental apenas reduzir a capacidade do agente, será o caso de este responder penalmente, infligindo-se-lhe uma pena reduzida, visto, como prefalado, estar a doença abrangida pela expressão mais ampla traduzida na perturbação. Em suma: a perturbação da saúde mental abrange a doença mental e outras causas que não constituam doença mental. Além desta, segundo grande parte da doutrina,[147] enquadrar-se-iam nessa hipótese, *v.g.*, a neurose grave, a psicopatia, o alcoolismo crônico moderado a toxicomania moderada, a neurose sem gravidade e a toxicomania leve, sendo as quatro primeiras mencionadas causas de semi-imputabilidade, e sendo as duas últimas não aptas a afetar a imputabilidade penal. Analisaremos a referida tipologia nos pontos que seguem.

15.1. Doença mental

A *doença mental* é, a um tempo, causa de inimputabilidade como também de semi-imputabilidade,[148] conforme o grau que se

---

[146] HUNGRIA, Nelson; FRAGOSO, Heleno Cláudio. *Comentários ao Código Penal*. 5ª ed. Rio de Janeiro: Forense, 1978, v. I, t. II, p. 337.

[147] Por todos, vide o esquema apresentado por PALOMBA, Guido Arturo. *Tratado de Psiquiatria Forense, Civil e Penal*. São Paulo: Atheneu, 2003, p. 202.

[148] Em processo (correição parcial) no qual atuamos como Procurador Regional da República oficiante junto ao TRF da 4ª Região, discutiu-se se o acusado semi-imputável (acometido de transtorno da personalidade paranoide) poderia ter seu caso afeto ao Juizado Especial Criminal, o que redundaria na possibilidade de fazer transação penal. A discussão dizia respeito

apresente. Ao optar pela expressão *perturbação da saúde mental*, o Código Penal, sem excluir a doença mental como possível causa de semi-imputabilidade, fez incluir outras causas, conforme acima visto. A fim de evitar repetições, remetemos o leitor ao que escrevemos sobre doença mental em parágrafos anteriores. Aqui apenas acrescentamos que se a doença mental apenas diminuir a capacidade de entendimento e de autodeterminação, e não subtrair de forma completa, dará ensejo à pena reduzida de um a dois terços, nos termos do parágrafo único do art. 26, ou, se for recomendável o tratamento, em razão de especial necessidade curativa, aplicar-se-á a medida de segurança (art. 98).

15.2. Neurose

Pela importância histórica no âmbito do estudo da capacidade penal, bem como em razão de alteração conceitual observada no campo das ciências da mente, pedimos vênia para nos determos com mais vagar neste ponto. A denominada *neurose*[149] é tida por significativa corrente doutrinária como causa de diminuição de capacidade. Porém, aqui estamos em terreno de franca polêmica. Asier Urruela Mora[150] assim adverte, referindo-se ao "concepto popular de neurosis", para "la falta de consenso existente en el seno de la Ciencia psiquiátrica en torno a la relevancia de los referidos trastornos a efectos de su oncodencia sobre las capacidades intelectivas y volitivas del sujeto". Neste tópico, intentaremos delinear a problemática da neurose à luz dos mais recentes estudos, bem assim atentando para os reflexos penais.

O conceito de neurose, surgido no século XIX, talvez tenha sido o mais equívoco e amplo conceito da psiquiatria em todos os

---

à complexidade no que pertine à capacidade do agente, o que refugiria à competência do Juizado. Manifestamo-nos no sentido de dar provimento à Correição Parcial interposta, encaminhando-se o caso ao Juizado, pelo fato de haver nos autos comprovação da semi-imputabilidade procedida em procedimento anterior, bem como pelo fato de o acusado estar assistido por curador, sendo que, se acusado poderia ser submetido à pena, ainda que reduzida (CP, art. 26, parágrafo único), também poderia, a nosso juízo, apreciar a proposta de transação penal (em conjunto com seu curador). O referido tribunal, acolhendo nossa manifestação, decidiu por dar provimento ao recurso (TRF4, Sétima Turma, Correição Parcial nº 5006931-57.2015.404.0000/SC, rel. Des. Federal Sebastão Ogê Muniz, unânime, j. 17.03.2015).

[149] SILVA, Ângelo Roberto Ilha; HODARA, Ricardo Holmer. Semi-imputabilidade, Neurose e a Teoria dos Eixos. In: *Revista de Ciências Jurídicas/Universidade Estadual de Maringá, Curso de Doutrina em Direito*. V. 6, nº 1, jan.-jun. 2008, p. 39-60.

[150] URRUELA MORA, Asier. *Imputabilidad Penal y Anomalía o Alteración Psíquica: La Capacidad de Culpabilidad Penal a la Luz de los Modernos Avances en Psiquiatría y Genética*. Bilbao: Comares, 2004, p. 282.

tempos. De acordo com os DSM I e II – os dois primeiros grandes manuais diagnósticos e oficiais da psiquiatria norte-americana, elaborados em estreita correlação com o Código Internacional de Doenças (CID), e que também eram manuais de orientação dinâmica – o paciente diagnosticado poderia sofrer de quase todos os males possíveis e imagináveis em função da neurose.

Havia códigos diagnósticos oficiais para os mais variados tipos de transtorno físico ou cerebral, e que espontaneamente emergiam a partir do multivalente conceito de neurose.

De 1952, data da versão oficial do DSM-I, até 1980, quando da publicação do dissidente e revolucionário DSM-III – o qual marcou época por instaurar o polêmico término da hegemonia na psiquiatria americana e no CID – o cidadão americano comum poderia ser oficialmente diagnosticado como, por exemplo, portador das mais variadas e díspares afecções (supostamente) de origem puramente psíquica e neurótica, como retirado da própria página do documento médico oficial de 1952 e escaneado a partir da biblioteca dos autores.

Em síntese, eram diagnosticados e oficialmente definidos como de causa neurótica, isto é, psicogênica, emocional ou psicofisiológica, às vezes com simbolismo psicanalítico revelador da reação de conversão histérica,[151] sendo então explicados transtornos clínicos tão díspares, quanto, *v.g.*, vômito nervoso, amenorreia neurótica, espasmo histérico da laringe (sensação de bola na garganta), falsa gravidez neurótica, "intestino" neurótico, neurose da bexiga e do reto, retenção neurótica de urina, impotência e frigidez neuróticas, excesso ou falta de menstruação por neurose, coito doloroso e menopausa precoce de base neurótica, afecções da pele neuróticas (psicoríase, etc.), dor de garganta neurótica, gastrite emocional neurótica, refluxo neurótico, espasmos da faringe neuróticos, cãibras neuróticas, neurose da bexiga com ou sem incontinência, e muitos outros transtornos somaformes supostamente psicogênicos, incluindo conversões histéricas neuróticas, tais como problemas de coordenação do timbre ou qualidade do som das cordas vocais, anestesia e perda de sensibilidade da garganta, parestesia e hiperestesia supostamente de origem não epilética, paralisia da fala, incontinência urinária, problemas de ereção, boca seca ou com saliva em excesso, mutismo súbito, acne nervosa, estrabismo, oclusão vascular da retina com perda fugaz de visão.

[151] Nesse caso, o sintoma não seria *apenas* neurótico, mas também revelador de trauma ou conflito inconsciente de fundo sexual.

Além de reações propriamente emocionais e comportamentais também tidas como psicogênicas e neuróticas, como, *v.g.*, o cansaço e irritabilidade sem explicação orgânica na época como neurastenia, perda ou mudança neurótica de paladar ou olfato, cegueira ou surdez histéricas, reação paranoide, ataque histérico similar ao epilético, mas sem desmaio ou convulsão, além de outros. De 1952 (DSM-I) até 1980 (DSM-III) essa compreensão era homologada pelos manuais *The Diagnostic and Statistical Manual of Mental Disorders*.

Ao findar dos anos 70, no entanto, a neurose iria desaparecer dos mencionados manuais diagnósticos, assim como o entendimento segundo o qual na existência de transtornos ou doenças mentais ou comportamentais em que o *hardware* do sistema, o cérebro, não estivesse diretamente envolvido.

Importante observar que estava implícito, nos primeiros DSM, dada a centralidade do conceito de neurose e de seus complexos supostamente de etiologias universais, a noção de que não existiria um critério de demarcação claro, entre são e insano. Essa era a tese da teoria do espectro da doença mental, decorrência natural da ideia de que os mesmos dinamismos inconscientes e traumas estão na base de todas as desordens psicogênicas ou funcionais da mente, caráter e emoções. Esse paradigma começa a ceder lugar a partir do DSM-III.

Ato contínuo, quando são postos em causa os fundamentos nosológicos e diagnósticos dos primeiros DSM, também surgem, a partir de uma perspectiva fundamentalmente classificatória e sem julgamentos etiológicos prévios, como sugerido por Kraepelin,[152] os esquemas multiaxiais de definição do insano. Em lugar de focalizar em qualquer causa psicológica hipotetizada como subjacente às desordens mentais, Kraepelin deu ênfase à classificação de acordo com os (1) sintomas exclusivos da desordem, a seu (2) curso comum de desenvolvimento e a seu (3) eventual resultado definitivo.

Posterior e mais recentemente, os organizadores dos DSM, em Washington, acrescentaram modernos estudos epidemiológicos estatísticos de comorbidade que permitiram "filtrar" e estabelecer a nosologia dos transtornos mentais com muito mais clareza, sugerindo, à parte, nítidas interfaces para as primeiras definições etiológicas rigorosamente científicas, isto é, baseadas em enunciados positivos. Numa palavra: com base passível de observação e apuração, dentro do procedimento científico.

[152] SHORTER, A. *History of Psychiatry: From the Era of the Asylum to the Age of Prozac*. New York: John Wiley & Sons, 1997, p. 108.

Com isso, passa a relevar o diagnóstico empírico, sem pressupostos etiológicos ou julgamentos teóricos apriorísticos. Em suma, na perspectiva classificatória objetiva, estatística, biológica e matemática e, sobretudo, empírica de Kraepelin,[153] "Depressão, esquizofrenia, e assim sucessivamente eram diferentes da mesma maneira que caxumbas e pneumonia eram diferentes".

A aproximação classificatória de Kraepelin era puramente operacional em termos de coleta de dados para criação de novos quadros nosológicos e diagnósticos objetivamente definidos para a obtenção de uma capacidade diagnóstica psiquiátrica precisa e etiologicamente neutra.

Não obstante, Kraepelin não prescindia de uma visão teórica da natureza da doença e do transtorno mental:[154] ele acreditava que as desordens mentais são melhor compreendidas como análogas de doenças físicas; que a classificação dos transtornos demandam uma observação cuidadosa apenas dos sintomas visíveis em vez de teorias causais nunca comprovadas e que a pesquisa empírica demonstraria as origens orgânicas e bioquímicas da doença mental, mais cedo ou mais tarde.

Seguindo essa linha de abordagem do autor tedesco, enriquecida com dados e cruzamentos computadorizados de informação provenientes de milhares de profissionais de saúde espalhados por toda rede clínica americana, os novos DSM, a partir da versão III, ao redescobrir sistemas classificatórios empíricos e sem pressupostos etiológicos, também inaugurou a nova sistemática de múltiplos eixos estatísticos para o diagnóstico do transtorno ou doença mental, abandonando as "seções" nosológicas e monoaxiais da anterior tradição.

Assim como os pediatras de hoje, quando não sabem o que está acontecendo com a criança, alegam tratar-se de "virose", também os clínicos do passado, quando não entendiam a causa da típica doença somática que observavam, afirmavam tratar-se de "neurose", causa psicossomática, ou seja, gerada pelo inconsciente do paciente e decorrente de traumas de infância mal elaborados ou imaturidade emocional.

Nessa senda, a neurose era tida como se fosse um grande "guarda-chuva" que tudo podia abarcar ou explicar. O paciente,

---

[153] SHORTER, A. *History of Psychiatry: From the Era of the Asylum to the Age of Prozac*. New York: John Wiley & Sons, 1997, p. 110.

[154] YOUNG, Allan. *The Harmony of Illusions: Inventing Post-Traumatic Stress Disorder*. New Jersey: Princetown, 1995, p. 18.

por consequência, podia sofrer de quase tudo, em termos de neurose, pois acreditava-se que quase todo quadro sintomático concebível juntamente com suas queixas poderia ser de origem histérica ou hipocondríaca, neurótica, e que, portanto, quase todo transtorno aparente poderia ser psicogênico, criado pela mente do neurótico, com intensa realidade e vívido sofrimento.

À infância e à sexualidade mal resolvidas era atribuída a causa última dos problemas somáticos, mentais, de interação social ou emocionais vividos no aqui e agora.

O resultado, em termos de tratamento, pressupunha que fenômenos essencialmente diversos, e que não guardavam nenhuma semelhança objetiva entre si, fossem estudados a partir de um pressuposto etiológico comum. Dessa forma, inibia-se tanto um tratamento clínico diversificado e interdisciplinar eficiente, quanto a própria pesquisa de causas variadas, possíveis, e não obrigatoriamente restritas à matriz de uma única causa pressuposta.

Assim, a etiologia apriorista "neurose" constituía um inibidor de descobertas, bem como de novas hipóteses e da eventual sugestão de um pluralismo metodológico causal que pudesse ser postulado em termos experimentais para fazer avançar o conhecimento psicológico, ou seja, a neurose havia se convertido em um conceito nitidamente anti-heurístico.

Senão vejamos: aspectos psicóticos de pensamento alterado (neurose de despersonalização), afeto ou humor alterado (neurose depressiva), transtorno de ansiedade descompensada (neurose de ansiedade, neurose fóbica, neurose obsessiva) e até de personalidade (neurose de caráter histérico por conversão simbólica), encontrando-se nessa pletora elementos até mesmo de esquizofrenia (neurose histérica tipo dissociativo).

Uma das consequências de natureza ética e ideológica que parece ter emergido da teoria das neuroses e dos complexos parece ser a existência de complexos inconscientes sobrepondo-se ao ego, como um gênio escravizador que vem de fora e que tem domínio sobre um ego imaturo ou mal formado.

Assim, de acordo com essa visão, evitando a emergência da maturidade emocional e do senso crítico, os complexos assumem o controle do indivíduo, e isso, é claro, repercutiria na capacidade do agente. Para essa linha de pensamento, a higidez mental seria afetada por conflitos inconscientes fervilhando em sua mente e determinando seus sintomas, sendo considerado, por isso mesmo, um sujeito heterônomo e incapaz de verdadeira ação propiciada por uma livre decisão.

Isso era visto, na prática, como uma verdadeira supressão do ego real que permanecia inexpresso em seu potencial, não amadurecido devido a conflitos não elaborados, um ego para nós desconhecido e sob o eterno benefício da dúvida.

Porém, aceitando-se semelhantes postulados, teríamos que avaliar uma realidade interna e universal, algo que nenhum júri ou qualquer julgador poderia ver ou cheirar. Haver-se-ia apenas de crer que os neuróticos em geral não alcançaram o "verdadeiro eu" e que, por consequência, não possuiriam livre expressão daquilo que são, e muito menos liberdade de agir de modo conforme ao direito.

Em outros termos poderíamos afirmar que por trás de atos de pessoas "neuróticas" encontra-se algum tipo de alienação decorrente de repressão vinculada a memórias traumáticas, mantidas por falta de *insight* e autoconhecimento.

Como nessa visão a maior parte das ações são voluntárias, mas inconscientes, nunca seríamos plenamente cônscios de nossas verdadeiras motivações, mas, ao contrário, seríamos "determinados" por forças inconscientes, sendo mais do que natural supor que as verdadeiras *mens* permaneceriam quase sempre ocultas e oprimidas pelo peso inexorável de complexos e neuroses.

A nosso ver, em lugar de seguirmos fragmentando o indivíduo em diversos pedaços e atribuindo aos complexos de infância as causas individuais e motivações ocultas e supostamente não intencionais dos fatos realizados aqui e agora, devemos considerar o indivíduo em sua integralidade.

Aqueles que historicamente eram chamados de neuróticos são, em termos gerais, tão somente pessoas ansiosas, cansadas, passivas ou pouco dotadas em recursos de manejo de estresse, ou, numa palavra, pessoas mal-adaptativas. O denominado neurótico, na expressiva maioria dos casos, trata-se, numa perspectiva atualizada, de indivíduo com transtorno do eixo II do DSM-IV (personalidade) ou ansioso devido as estresse ambiental (eixo IV) ou devido a transtorno endógeno de ansiedade (de diversos tipos, principalmente eixo I, pouca vezes eixo III), desde que sem psicose.

Por mais que sofram, pessoas tidas por neuróticas não são loucas e merecem ser julgadas como sujeitos em sua integralidade, já que não há nenhum arquétipo ou complexo a agir e fazer escolhas criminais no lugar delas. "Sem dúvida alguma", assevera Roque de Brito Alves,[155] "o neurótico é penalmente imputável, tem plena capacidade de entendimento e de autodeterminação, não sendo, de modo algum, um alienado ou doente mental a qualquer título".

Por derradeiro, impende salientar que é absolutamente compreensível que os juristas possam não estar, eventualmente, familiarizados ou mesmo atualizados com os atuais estudos desenvolvidos no campo da Psicopatologia, bem assim como em outros, como, *v.g.*, Economia, Medicina, etc., pois trata-se, ao fim e ao cabo, de conhecimento extrajurídico, ao qual não cabe ao jurista – a menos que tenha um particular interesse para tanto – se debruçar.

Porém, ainda que a afirmação possa causar perplexidade, o termo *neurose* hoje encontra-se de modo geral superado pelas ciências da mente – e a comprovação é nitidamente observada no DSM-IV –, não obstante a forte ligação dos autores pátrios com essa categoria. A evidenciar o que vimos de observar, Paulo Dalgalarrongo,[156] professor de Psicopatologia da Unicamp, chega a reconhecer a "tendência de abandono do conceito de neurose", mas prefere mantê-lo, em seu livro, por entender "ser ele consideravelmente útil e heurístico". A nosso ver, muito pelo contrário. O conceito de neurose vai na via contrária ao que se entende por heurístico!

É importante que se tenha em conta de que não se trata de questão meramente terminológica – como é o caso da expressão oligofrenia substituída por retardo mental, por exemplo –, mas sim de mudança de paradigma, com repercussões de cunho científico e prático. Assim, pensamos que o apego a certas categorias não podem se eternizar só por força da tradição ou da simpatia a determinadas correntes, sobretudo quando a ciência aponta justamente para um caminho oposto.

A título de ilustração, trazemos à colação o seguinte caso relatado por Guido Palomba,[157] no capítulo de seu *Tratado de Psiquiatria Forense* referente aos transtornos neuróticos:

> 49 – RESUMO DO LAUDO. Homicídio da companheira, com alegação de estado de angústia e depressão. Conclusão: normalidade mental, imputabilidade (sexo masculino, 64 anos).
>
> Fatos Criminais
> Consta da denúncia que o réu, utilizando-se de uma faca, desferiu golpes em M.O.N., sua companheira, matando-a. No interrogatório policial disse que no dia

[155] ALVES, Roque de Brito. *Crime e Loucura*. Recife: Fundação Antonio dos Santos Abranches, 1998, p. 116.

[156] DALGALARRONDO, Paulo. *Psicopatologia e Semiologia dos Transtornos Mentais*. 2ª ed. Porto Alegre: Artmed, 2008, p. 319.

[157] PALOMBA, Guido Arturo. *Tratado de Psiquiatria Forense, Civil e Penal*. São Paulo: Atheneu, 2003, p. 581.

estava muito angustiado e deprimido pois encontrava-se desempregado e, por esse motivo, brigou com a companheira.
Fora, pois, denunciado como incurso nas penas do artigo 121, § 2º, III, 7ª figura, do Código Penal.

Conclusão
O periciando apresenta o psiquismo no limiar da normalidade. Não há distúrbios significativos para o lado das esferas timoafetiva, sensoperceptiva e também no conteúdo e no curso do pensamento. As memórias são fracas, mas não observamos outros distúrbios dignos de nota. A conação-volição não revelou distúrbios consignáveis. A inteligência é normal.
Embora seja um indivíduo ansioso e também angustiado, é certo que essas manifestações não podem, nele, caracterizar perturbação da saúde mental ao ponto de alterar a sua capacidade de entender as coisas e de determinar-se de acordo com esse entendimento, porque manifestam-se no periciando de forma a não ultrapassar certos limites, nos quais se circunscreve a normalidade mental. Em outras palavras, o periciando tem uma base mental cujo transfundo é a ansiedade e a angústia, que se manifestam em conseqüência a uma vivência estressante, traumática ou dolorosa. Esse é o seu tipo de constituição (há outros tipos, como, por exemplo, os que reagem com depressão, com irritabilidade, com neurastenia, com abulia etc.).
Ou seja, o periciando está dentro dos padrões da normalidade mental, cujo estado se lhe ocorria à época do fato (não há nenhum elemento psicopatológico pregresso – e também atual – que aponte em sentido contrário), o que permite dizer que o ato delituoso praticado lhe pode, juspsiquiatricamente, ser imputado.

15.3. Psicopatia

Não há relutância em afirmar que não constitui tarefa fácil tratar sobre o tema objeto deste ponto, tais são as dificuldades e limitações encontradas no próprio campo das ciências da mente. A denominada psicopatia revela significativa discrepância no âmbito da terminologia, bem assim não poucas dificuldades em sua delimitação.

O DSM-IV-TR[158] utiliza a expressão *transtorno de personalidade antissocial* como um padrão global de desrespeito e violação de direitos alheios, referindo que esse padrão é também conhecido como *psicopatia, sociopatia* ou, ainda, *transtorno da personalidade dissocial* (é o termo adotado pelo CID-10). O reconhecimento do transtorno remonta ao século XIX,[159] e era conhecido como *loucura moral*, de

[158] DSM-IV-TR, p. 656.

[159] Consulte-se, ainda: PALOMBA, Guido Arturo. *Tratado de Psiquiatria Forense, Civil e Penal*. São Paulo: Atheneu, 2003, p. 517 e ss. Ainda: TRINDADE, Jorge; BEHEREGARAY, Andréa; CUNEO, Mônica Rodrigues. *Psicopatia: A Máscara da Justiça*. Porto Alegre: Livraria do Advogado, 2009, p. 27 e ss.

origem inglesa (a *moral insanity*, termo atribuído ao médico inglês James Prichard, 1835), ou *manie sans délire* para os franceses (Philippe Pinel,[160] 1809). No ano de 1888, na Alemanha, o médico J. L. A. Koch, em seu livro *Leitfaden der Psychiatrie*, cunhou a expressão *psychopathische Minderwertigkeit* (ou seja, *inferioridades psicopáticas*). Em 1904, Emil Kraepelin, outro médico alemão, na sétima edição de seu livro *Psychiatrie: ein Lehrbuch für Studierende und Arzte*, utilizou o termo *psychopathische Personlichkeit* (*personalidade psicopática*), para indicar a pessoa em conflito com os parâmetros sociais, não sendo neurótica[161] nem psicótica.

Para um setor doutrinário, ainda que a psicopatia identifique-se essencialmente com transtorno de personalidade antissocial, não constituem categorias correspondentes, visto que a primeira seria mais ampla do que esta, consoante adverte R. James R. Blair.[162] Os professores Silvio Vasconcellos e Gabriel Gauer,[163] e colaboradoras, obtemperam – reportando-se ao professor inglês – que não obstante o fato de os dois grandes agrupamentos de sintomas que caracterizam a psicopatia estarem também contemplados nos critérios de diagnósticos do transtorno de personalidade antissocial, estudos revelam que o conceito de psicopatia seria um pouco mais amplo, afirmando que aspectos "mais diretamente ligados a manifestações comportamentais na esfera interpessoal, tais como superestima, arrogância e afeto superficial são considerados para a avaliação da psicopatia, ainda que não sejam diretamente mencionados como critérios diagnósticos para o TPAS". Porém, o que se observa é que o transtorno de personalidade antissocial e a psicopatia são essencialmente coincidentes, motivo por que utilizaremos ambas expressões indistintamente.

Sobre o tema, há que se referir dois trabalhos clássicos. Os estudos mais significativos devem-se a Hervey Cleckley, com a publicação de seu livro *The Mask of Sanity*, em 1941, e a R. D. Hare, com o trabalho intitulado *Psychopathy: Theory and Research*, publicado em 1970.

---

[160] PINEL, Philippe. *Traité Médico-Philosophique sur L'Alienation Mentale*. 2ª ed. Paris: Brosson, 1809, p. 156.

[161] Conforme o sentido atribuído a esta expressão na época, e que não coincide com a noção atual, como vimos.

[162] BLAIR, R. James R. Neurobiogical Basis of Psychopathy. In: *British Journal of Psychiatry*. n. 182, p. 5-7 (Editorial).

[163] VASCONCELLOS, Silvio José Lemos *et al*. A Semi-Imputabilidade sob o Enfoque da Neurociência Cognitiva. In: *Revista de Estudos Criminais*. Porto Alegre: Notadez. Ano IX, nº 34, jul.-set. 2009, p. 60.

Hervey Cleckley[164] descreveu a psicopatia por intermédio da fixação de dezesseis traços os quais considerava descritivos do transtorno, estabelecendo, dessa forma, a primeira definição operacional no campo da Psiquiatria baseada em estabelecimento de critérios.

Robert D. Hare[165] afirma que os psicopatas são *predadores*. Para o professor canadense, os assassinos psicopatas não são loucos, de acordo com os padrões legais e psiquiátricos. Seus atos não resultam de uma mente perturbada, mas de uma fria e calculada racionalidade combinada com uma insensível incapacidade de tratar os outros como seres humanos, de considerá-los como pessoas que pensam e que têm sentimentos.

O DSM-III-R, dentre outros critérios diagnósticos para o transtorno de personalidade antissocial, apontou a "ausência de remorsos",[166] a partir de 1987.

O DSM-IV-TR[167] estabelece que, para receber o diagnóstico, o indivíduo deve ter a idade mínima de 18 anos acompanhado de um histórico de alguns sintomas antes dos 15 anos consistentes em desrespeito e violação de direitos alheios. Segundo o Manual, além dos dois fatores mencionados, devem concorrer pelo menos três dos seguintes critérios: *a*) incapacidade de adequação às normas sociais com relação a comportamentos lícitos, razão da prática reiterada de atos motivadores de detenção, como, *v.g.*, destruição de propriedade alheia, importunação de pessoas, roubo ou dedicação à contravenção (quer sejam presos ou não); *b*) inclinação para enganar, com utilização de mentiras frequentes, utilização de nomes falsos; *c*) padrão de impulsividade no comportamento manifestado por fracasso em planejar o futuro; *d*) tendência à irritação e à agressividade, podendo haver repetidas lutas corporais e cometimento de agressão física (inclusive espancamento do cônjuge ou dos filhos); *e*) desrespeito imprudente pela segurança própria ou alheia (excesso de velocidade recorrente, dirigir intoxicado, acidentes múltiplos); *f*) irresponsabilidade, indicada por períodos significativos de

---

164 ANDREASEN, Nancy C.; BLACK, Donald W. *Introdução à Psiquiatria*. 4ª ed. Trad. Magda França Lopes e Cláudia Dornelles. Porto Alegre: Artmed, 2009, p. 317.

165 HARE, Robert D. *Withuot Conscience – The Disturbing World of the Psychopaths among Us*. New York/London: The Guilford Press, 1999, p. XI e 5. A psiquiatra Ana Beatriz Barbosa Silva faz a contundente afirmação: "Como animais predadores, vampiros ou parasitas humanos, esses indivíduos sempre sugam suas presas até o limite do improvável de uso e abuso"., p. 32.

166 TEITELBAUM, Paulo Oscar. Transtorno de Personalidade Anti-Social. In: *Psiquiatria Forense – 80 anos de Prática Institucional*. Carlos Alberto Crespo de Souza; Rogério Göttert Cardoso (Orgs.). Porto Alegre: Sulina, 2006, p. 263.

167 DSM-IV-TR, p. 656-657.

desemprego não obstante as oportunidades que venham a surgir ou pelo abandono reiterado de empregos sem um plano realista de conseguir outra colocação; *g*) demonstração de pouco remorso pelas consequências de seus atos, manifestado pela indiferença ou racionalização por ter ferido, maltratado ou roubado alguém (*v.g.*, "a vida é injusta", "perdedores merecem perder" ou "isto iria acontecer de qualquer modo"). O Manual acrescenta, ainda, que o comportamento antissocial não deve ocorrer exclusivamente durante o curso de esquizofrenia ou de episódio maníaco.

Segundo pesquisas,[168] a incidência do transtorno gira em torno de 3% entre homens e 1% nas mulheres, sendo mais comum nas áreas urbanas pobres. A avaliação é feita, em geral, por meio do *Psychopathy Checklist-Revised*, "cujas propriedades psicométricas são reconhecidas por sua confiabilidade e demonstrada validade".[169] Os "transtornos comórbidos associados ao uso do álcool ou droga, transtornos de humor e de ansiedade, transtorno de déficit de atenção/hiperatividade, jogo patológico e outros transtornos da personalidade (p. ex., transtorno da personalidade *borderline*) são comumente encontrados".[170] Impende ressaltar que o transtorno tende a entrar em remissão quando o indivíduo alcança a faixa dos 40 anos de idade.[171]

No campo do tratamento penal a ser dado ao psicopata, é grande a controvérsia, havendo três opções fundamentais: aplicação de pena pura e simples, aplicação de pena reduzida ou, ainda, imposição de medidas de segurança.

Como foi possível observar neste ponto, os psicopatas não apresentam déficit cognitivo, assentando-se *eventual* tratamento legal diverso daquele dado aos imputáveis a ser a eles dispensado no âmbito da possibilidade de autodeterminação, se bem que também aqui residam resistências, ou seja, para alguns sequer haveria redução na capacidade de autodeterminação.

Jorge Trindade, Andréa Beheregaray e Mônica Rodrigues Cuneo entendem que "do ponto de vista científico e psicológico a tendência é considerá-los plenamente capazes, uma vez que

---

[168] DSM-IV-TR, p. 658. Também: KAPLAN, Harold I.; SADOCK, Benjamin J. *Tratado de Psiquiatria*. 6ª ed. Tradução Andrea Caleffi, Dayse Batista, Irineo C. S. Ortiz, Maria Rita Hofmeister e Sandra de Camargo Costa. Porto Alegre: Artmed, 1999, v. 1, p. 860.

[169] Para mais detalhes: TRINDADE, Jorge; BEHEREGARAY, Andréa; CUNEO, Mônica Rodrigues. *Psicopatia: A Máscara da Justiça*. Porto Alegre: Livraria do Advogado, 2009, p.149 e ss.

[170] ANDREASEN, Nancy C.; BLACK, Donald W. *Introdução à Psiquiatria*. 4ª ed. Trad. Magda França Lopes e Cláudia Dornelles. Porto Alegre: Artmed, 2009, p. 319.

[171] DSM-IV-TR, p. 658.

mantêm intacta a sua percepção, incluindo as funções do pensamento e da sensopercepção que, em regra, permanecem preservadas. Isso significa que o agente não apresenta alucinações, como no caso das esquizofrenias, nem delírios, como costuma acontecer nas pertubações paranoides".[172] (...). "Por isso, entendemos que além da sua capacidade cognitiva, sua capacidade volitiva, em princípio, também se encontra preservada".[173] Nessa senda, os psicopatas seriam imputáveis e, assim, sujeitos à pena criminal.

Para outro setor doutrinário,[174] os psicopatas, ou personalidades psicopatas, seriam a principal causa de semi-imputabilidade, fato que levaria esses casos a determinarem uma redução da pena.

Por derradeiro, autores há que o consideram o psicopata semi-imputável, mas devendo ser sujeito a tratamento, e não à pena, ainda que reduzida. Essa é a opinião de Heitor Piedade Júnior: "Postula-se, na presente tese, repita-se, como já se vem demonstrando, que os semi-imputáveis, portadores de personalidades psicopáticas, embora condenados, não sejam submetidos à pena privativa de liberdade, mesmo atenuada, nos moldes do nosso sistema jurídico-penal vigente, mas exclusivamente sejam submetidos à Medidas de Segurança, em moldes científicos, cuja meta máxima seria tentar 'refundir' a personalidade desses indivíduos, no sentido de sua harmonia com padrões éticos da vida em sociedade".[175]

Como ilustração apresentamos um caso[176] reportado pelo médico psiquiatra Paulo Oscar Teitelbaum:

Vinheta de caso de Transtorno de Personalidade Anti-social

1. Identificação: Fulano de Tal, nascido em 03/05/66, atualmente com 36 anos, natural de uma cidade do interior do Estado, branco, solteiro, nível primário incompleto, de profissão chacareiro, filho de Fulano e de Beltrana, detido em um presídio do interior do Estado há 1 ano.

2. História pessoal de interesse pericial:

O periciando é o terceiro filho da prole materna. Sua mãe teve relacionamentos duradouros com três homens durante sua vida, sendo o periciando o segundo filho do segundo casamento da mãe. Do terceiro casamento, a mãe não teve filhos.

---

[172] TRINDADE, Jorge; BEHEREGARAY, Andréa; CUNEO, Mônica Rodrigues. *Psicopatia: A Máscara da Justiça*. Porto Alegre: Livraria do Advogado, 2009, p. 133.

[173] Idem, p. 135.

[174] Por todos: NORONHA, E. Magalhães. *Direito Penal – Introdução e Parte Geral*. 25ª ed. atual. Por Adalberto José Q. São Paulo: Saraiva, 1987, v. 1, p. 165.

[175] PIEDADE JÚNIOR, Heitor. *Personalidade Psicopática, Semi-Imputabilidade e Medida de Segurança*. Rio de Janeiro: Forense, 1982, p. 219.

[176] TEITELBAUM, Paulo Oscar. Transtorno de Personalidade Anti-Social. In: *Psiquiatria Forense – 80 anos de Prática Institucional*. Carlos Alberto Crespo de Souza; Rogério Göttert Cardoso (Orgs.). Porto Alegre: Sulina, 2006, p. 269-273.

Seus pais separaram-se quando o periciando contava um ano de idade, em função do alcoolismo do pai, que provocava repetidos episódios de violência familiar com agressões físicas graves. Não teve contato com o pai.

Permaneceu em companhia da mãe durante o terceiro casamento desta, com um homem também alcoolista e violento, "que me batia sempre e muito" (*sic*). O periciando não tem qualquer contato com a mãe há aproximadamente 5 anos: "Sei que ela tem uns 66 anos, mora em Porto Alegre e tem um armazém" (*sic*).

Freqüentou escola regular até os 12 anos de idade, conseguindo alfabetizar-se e atingir a 3ª série do 1º grau. Apresentou diversas repetências, ainda que afirme não ter dificuldades com o aprendizado: "O problema é que eu bagunçava mesmo", comenta com algum orgulho. "Eles queriam me expulsar do colégio, mas a mãe ia lá e eles ficavam com pena" (*sic*). Com a interrupção dos estudos, começou a trabalhar de forma irregular. Aos 14 anos, declara ter iniciado a consumir álcool e, eventualmente, maconha e cocaína (na forma aspirada).

Sobre sua vida de relação, informa ter-se unido a uma companheira quando contava 14 anos, tendo ela, na ocasião, 17 anos. Moravam com os pais dela, pois não tinham meios para prover o próprio sustento. O relacionamento perdurou por cinco anos e produziu duas filhas gêmeas, atualmente com 18 anos de idade, tendo sido marcado por constantes brigas, originadas pelos "ciúmes que ela tinha de mim; eu sempre gostei da noite e tinha umas namoradas aí" (*sic*). A separação ocorreu após o nascimento das filhas, em face das exigências da companheira e dos sogros no sentido de que o periciando deveria se responsabilizar por elas, obtendo trabalho em bases regulares. Não tem notícia das filhas há aproximadamente seis anos: "Elas devem estar bem; os avós eram gente boa" (*sic*).

Resolveu mudar-se de cidade, dedicando-se a realizar biscates, situações de que se aproveitava para realizar furtos e alguns arrobamentos: "Era muito fácil; eu ia cortar uma grama e podia observar o que tinha na casa. Depois era só voltar e pegar" (*sic*). Foi processado e preso por dois destes furtos, condenado a uma pena de quatro anos de reclusão, dos quais cumpriu três anos, tendo sido indultado.

Mudou-se diversas vezes de cidade, mantendo sempre a mesma atividade e o mesmo padrão de conduta. Não estabeleceu outra relação mais estável: "Talvez tenha algum outro filho por aí, né Dr.? A gente que é homem não tem como saber isso bem ao certo" (*sic*).

Encontra-se preso há aproximadamente um ano e, sobre isso, comenta: "Agora a coisa deu errado. Inventaram umas coisas que eu fiz aí e me trancaram" (*sic*). Com relação à vida na prisão, afirma: "Até que não é tão ruim Dr. O ruim é ter que encarar o Central (Presídio Central de Porto Alegre), mas lá onde eu tô os meus camaradas me respeitam, a guarda também. Agente vai levando. Tem que mostrar quem é. Aí todo mundo respeita" (*sic*).

3. História do delito segundo o periciando:

"Tô respondendo por um homicídio... e por uma tentativa de homicídio também. Na real, o que aconteceu mesmo é que eu fui lá na chácara do cara de noite e os cachorros latiram. Ele saiu na rua com uma arma e atirou em mim. Aí eu atirei nele com uma 28. Depois, a mulher dele saiu na rua com um objeto na mão que pareceu uma pistola e eu atirei nela. Foi só isso. Das gurias, eu simplesmente tirei elas do local e levei prá uma casa onde eu tava lá perto. Eu achei que elas não deviam ficar lá, vendo o pai e a mãe mortos."

4. Observação psiquiátrica:

O periciando foi examinado em uma das salas de entrevistas existentes na Unidade de Triagem do IPFMC, especialmente destinadas ao exame de réus presos. Trata-se de um homem que aparenta a idade informada e apresentando-se vestido com adequação ao momento do dia e à situação de perícia. Fala de forma lacônica, não informando espontaneamente, limitando-se a responder ao que lhe é perguntado e claramente omitindo dados ou fatos, especialmente aqueles que, eventualmente, possam vir em seu desfavor.

Sua descrição do delito é pobre, evoluindo apenas à medida que o perito revela ter conhecimento dos dados constantes nos autos. Sustenta a versão de que foi à casa das vítimas, à noite e armado, "para caçar lebre" (sic) e que atirou para se defender. Não consegue oferecer explicação para o fato de ter "respondido" com tiros, ao invés de identificar-se quando a vítima atirou, no escuro, em sua direção, já que se diz conhecido e amigo da mesma. Da mesma forma, sustenta que a vítima estava armada com espingarda, ainda que não haja qualquer referência nos autos a este fato. Não aparenta preocupação real em oferecer alguma explicação lógica para as contradições entre a versão que apresenta e aquela constante na denúncia. Com relação aos delitos sexuais contra as filhas menores das vítimas, apenas nega tê-los cometido, igualmente sem apresentar soluções para a contradição entre sua versão e a da denúncia.

Sua narrativa é lacônica, linear e impessoal, não manifestando ou expressando pesar ou dor pela separação ou pelo afastamento das filhas (por exemplo) ou vergonha e desconforto pela condenação por delito de natureza pedofílica. Da mesma forma, nega interesse sexual ou excitação por crianças ou púberes.

O periciando apresenta-se, durante a avaliação, conectado ao ambiente à sua volta, com postura e atitudes congruentes com a situação, ainda que voluntariamente pouco colaborativo. Revela conhecer os motivos de sua presença no IPFMC e os objetivos da presente perícia. Está lúcido e orientado globalmente.

A atenção mostra vigilância e tenacidade normais; a memória encontra-se preservada tanto em seus aspectos de fixação, como de evocação. A inteligência, clinicamente avaliada, revela-se em um padrão mediano ou limítrofe. No momento do exame ou na história passada não se evidenciam ou são referidas alterações na sensopercepção, mesmo quando sob efeito de álcool.

O pensamento é de produção predominantemente lógica, com o curso agregado, coerente, de velocidade normal e conteúdo sem particularidades. A capacidade de abstração, testada através da interpretação de provérbios populares, os quais o periciando declara conhecer, revela-se limitada. A linguagem verbal é lacônica, porém adequada ao seu meio socieconômico, dispondo o periciando de um bom número de formulações. O afeto é muito pobremente modulado, ainda que congruente com o conteúdo do pensamento e com o discurso. O humor é predominantemente indiferente, tendendo à frieza.

A conduta revela como alteração mais significativa no momento do exame o uso de mentiras e omissões, além da recusa dissimulada (pela passividade, pelo laconismo e negativismo) em colaborar com o fornecimento de informações. Há história de uso de álcool desde a adolescência inicial, condenação anterior por delito contra o patrimônio, relacionamento conjugal tumultuado e iniciado em idade precoce, baixa capacidade de exercer funções paternas, além dos delitos pelos quais está denunciado no presente processo.

5. Discussão diagnóstica:

A ausência de sintomas que indiquem a falência do teste de realidade, quer no presente quer em sua história passada, afasta os diagnósticos de psicose. Da mesma forma, não se caracteriza a presença de oscilações de humor com freqüência e intensidade encontráveis nos transtornos afetivos. Os exames clínico e neurológico normais excluem os diagnósticos ligados à organicidade.

Ao lado disso, os peritos encontram uma flagrante disparidade entre as pautas de conduta do periciando ao longo de sua vida e as normas sociais habitualmente aceitas no meio social em que se insere. Relacionamento conjugal instável, de início precoce, marcado por brigas e tumultos constantes, incapacidade de exercer funções paternas, uso eventual de substâncias psicoativas (álcool, maconha e cocaína), incapacidade de responsabilizar-se afetivamente por suas condutas desadaptadas, atribuindo-as a fatores externos (mentiras e outros), além de marcadas alterações na funções do afeto (indiferente, frio, com ausência de sentimentos de remorso ou pesar) e da conduta (mentiras, omissões, violência através de delitos sexuais e contra a vida), são *elementos que parecem caracterizar a presença de um Transtorno de Personalidade Anti-social* (os grifos em negrito e sublinhado não constam no original).

Igualmente digno de nota é o fato de o periciando estar denunciado por práticas sexuais (diversas da conjunção carnal) contra uma menina de 9 anos, além de uma adolescente de 15 anos de idade, o perciando nega tais práticas, bem como nega interesse sexual por crianças. Tal negativa, porém, não vem acompanhada por qualquer expressão ou manifestação de vergonha, indignação, ou raiva por ver-se "injustamente" acusado por prática tão violentamente condenada pelo ordenamento social, ético e jurídico de nossa sociedade. É de se presumir que um indivíduo injustamente acusado de tais práticas experimentasse sentimentos e reações como os descritos acima. Ao contrário, sua reação é de fria indiferença.

É fato comum e conhecido que indivíduos com fantasias, desejos ou condutas pedofílicas habitualmente negam-nas exatamente pela reprovação social e penal que acarretam. O diagnóstico de pedofilia, para ser firmado, necessita da admissão por parte do sujeito ou, na ausência desta, de evidências externas que comprovem sua existência. Sua conduta pedofílica, no entanto, parece restringir-se a episódio isolado, aparecendo, no entender do perito, como secundária e associada à estrutura anti-social de personalidade.

6. Diagnósticos(s) positivo(s):

Transtorno de Personalidade Anti-social

7. Comentários médico-legais:

Um diagnóstico de Transtorno de Personalidade significa, em termos psiquiátricos-forenses, falar-se de um indivíduo cujas pautas de conduta e reação frente às demandas habituais da vida são marcadas por um padrão de rigidez e inflexibilidade profundamente arraigado. No tipo Anti-Social, tais pautas de condutas são regidas pela desconsideração para com direitos, interesses ou necessidades do outro, o que os coloca em posição de permanente desafio a qualquer norma ou regra que não seja oriunda de seus próprios desejos ou interesses, os quais são impulsivamente buscados.

Isso quer dizer que, ainda que se mantenha preservada sua capacidade de discernir entre o que o ordenamento jurídico considera certo e errado (*capacidade cognitiva*), sua condição para agir dentro deste ordenamento social encontra-se definidamente prejudicada (*capacidade volitiva*). Assim, *é possível afirmar que os delitos imputados ao periciando encontram nexo causal com o diagnóstico de TPAS* (g.n.).

Estabelecido um diagnóstico psiquiátrico que implique alteração das capacidades cognitivas e/ou volitivas do agente e que guarde nexo causal com o delito, tem-se uma condição modificadora de sua imputabilidade penal. No caso em tela, conforme parágrafo único do art. 26 do CPB, ocorre uma perturbação da saúde mental.

Salienta-se que, *do ponto de vista psiquiátrico-forense, não há um especial tratamento curativo a ser implementado nestes casos*, uma vez que a única abordagem atualmente disponível para tais indivíduos é a segregação em um ambiente de características restritivas de conduta, entre iguais, por longos períodos. Para estes indivíduos, nos quais a condição psicopatológica manifesta-se basicamente através de condutas violentas e impulsivas, *a prolongada vivência de limites externos claros, rígidos e incorruptíveis (tal como idealmente se encontraia no Sistema Penitenciário) é uma medida terapêutica em si mesma.* Afirma-se, deste modo, a contra-indicação da internação de indivíduos como o periciando em tela em algum hospital de custódia e tratamento, como o IPFMS, instituição estruturada para o tratamento de doentes mentais (os grifos em negrito e sublinhado não constam no original).

Enfatiza-se, por oportuno, a intensa periculosidade social de indivíduos portadores de TPAS, a qual tende a manter-se estável ao longo dos anos, o que contra-indica, do ponto de vista psiquiátrico, a redução de pena eventualmente imposta (conforme facultado pelo parágrafo único do art. 26 do CPB).

8. Conclusão:

Fulano era, ao tempo da ação, por perturbação da Saúde Mental (Transtorno Anti-Social de Personalidade), plenamente capaz de entender o caráter ilícito de seus atos, mas parcialmente capaz de determinar-se de acordo com esse entendimento. Caso tenha imposta uma Medida de Segurança, esta deverá, do ponto de vista psiquiátrico-forense, ser cumprida em estabelecimento prisional que não o IPFMC.

Como se vê, a conclusão da perícia foi, do ponto de vista da cognição do agente, no sentido da plena capacidade de entendimento do injusto, ou seja, da ilicitude de seus atos, mas com parcial repercussão na capacidade de autodeterminação. Porém, de acordo com a perícia, o agente deveria ser submetido à medida de segurança, mas em estabelecimento prisional diverso do Instituto Psiquiátrico Forense Maurício Cardoso. Em suma, ao que parece a perícia pretendeu fosse o agente encaminhado a presídio, recebendo nesse estabelecimento o tratamento que se fizesse necessário.

Há, de fato, ao menos no Rio Grande do Sul, um marcado receio dos peritos em sugerir a pena reduzida no caso de psicopatia, bem como de encaminhá-los ao Instituto Psiquiátrico, consoante se observa da seguinte passagem: "Baseados neste entendimento sobre o TPAS, os peritos psiquiatras forenses do IPFMC têm, historicamente, informado aos julgadores tanto quanto à contra-indicação formal de que estes indivíduos sejam destinados a cumprir medida de segurança em hospital de custódia e tratamento, como também (pelos severos riscos em longo prazo) de que tenham suas eventuais penas abreviadas em 1/3 ou 2/3, como faculta a lei".[177] Ou seja, se peritos não veem o Instituto Psiquiátrico como adequado, tampouco entendem deva ser reduzida a pena, restando, assim, o estabelecimento prisional.

Com efeito, é grande a dificuldade em estabelecer-se a melhor solução para o agente delituoso portador do transtorno. Há quem[178] recomende tratamento psicoterápico com grupos de autoajuda, fixando-se previamente limites firmes. Jorge Trindade, Andréa Beheregaray e Mônica Cuneo[179] sustentam ser "a terapia cognitivo-comportamental a que parece oferecer resultados melhores". Os professores Silvio Vasconcellos e Gabriel Gauer,[180] e colaboradoras, entendem que, em face de certas deficiências neurobiologicamente sustentadas a capacidade de autodeterminação existe apenas de forma parcial, mas apontam a ausência de alternativas para impor penas diferenciadas e tratamento minimamente eficazes. Birnbaum,[181] por sua vez, afirmava, em seu estudo *Die psychopatischen Verbrecher*, que a sujeição dos psicopatas a castigos, para corrigir-lhes o caráter indisciplinado, opera resultados maravilhosos (*Wunderdinge*). Nessa esteira, Robert. H. Hare,[182] professor emérito de Psicologia da *University of British Columbia*, no Canadá, com mais de vinte e cinco anos de experiência em pesquisas sobre o tema, entende que

---

[177] TEITELBAUM, Paulo Oscar. Transtorno de Personalidade Anti-Social. In: *Psiquiatria Forense – 80 anos de Prática Institucional*. Carlos Alberto Crespo de Souza; Rogério Göttert Cardoso (Orgs.). Porto Alegre: Sulina, 2006, p. 268

[178] KAPLAN, Harold I.; SADOCK, Benjamin J. *Tratado de Psiquiatria*. 6ª ed.. Tradução Andrea Caleffi, Dayse Batista, Irineo C. S. Ortiz, Maria Rita Hofmeister e Sandra de Camargo Costa. Porto Alegre: Artmed, 1999, p. 862. No mesmo sentido: PIEDADE JÚNIOR, Heitor. *Personalidade Psicopática, Semi-Imputabilidade e Medida de Segurança*. Rio de Janeiro: Forense, 1982, p. 233.

[179] TRINDADE, Jorge; BEHEREGARAY, Andréa; CUNEO, Mônica Rodrigues. *Psicopatia: A Máscara da Justiça*. Porto Alegre: Livraria do Advogado, 2009, p. 143.

[180] VASCONCELLOS, Silvio José Lemos *et al*. A Semi-Imputabilidade sob o Enfoque da Neurociência Cognitiva. In: *Revista de Estudos Criminais*. Porto Alegre: Notadez. Ano IX, nº 34, jul.-set. 2009, p. 66.

[181] Exposição de Motivos do Código Penal de 1940, item 19 (referente a parte geral original).

[182] HARE, Robert D. *Without Conscience – The Disturbing World of the Psychopaths among Us*. New York/London: The Guilford Press, 1999, p. 225. Importante notar que o autor acrescenta, outrossim, a necessidade de descobrir um modo de socializá-los, e não de ressocializá-los, exigindo-se, para tanto, ingentes esforços científicos e intervenções precoces.

a alternativa é empregar de forma maciça recursos na persecução, encarceramento e supervisão de psicopatas que cometam infrações contra a sociedade e que ignoram o bem-estar e a situação de sofrimento de suas vítimas.

Por fim, estamos que em trabalho com perfil não meramente descritivo, como pretendemos seja este, não podemos nos furtar a uma tomada de posição. Assim, a nosso ver, com o avanço das neurociências poderá, quiçá, haver adiante solução diversa da privação de liberdade. Porém, no atual momento, em casos de ocorrência de crimes graves, com violência a pessoa, e considerando que os "psicopatas necessitam de uma supervisão rigorosa e intensiva",[183] bem como o fato de que "não aderem voluntariamente a nenhum tipo de tratamento e, se e quando fazem, é apenas para obter vantagens e benefícios secundários", e que são "antes maus do que loucos",[184] por motivos de controle social e necessidade de tutela de bens jurídicos e de direitos fundamentais, a pena criminal mostra-se, ainda, imprescindível.

16. Desenvolvimento mental incompleto

O parágrafo único do art. 26 do Código Penal faz referência, além da perturbação da saúde mental, também ao *desenvolvimento mental incompleto*. Diferentemente do *caput* do dispositivo, o parágrafo cuida dos casos em que a causa aqui considerada não leva o agente à incapacidade de compreensão ou autodeterminação, mas tão somente à redução da capacidade.

Sobre a classificação do retardo mental, características e consequências, já tratamos quando da análise do *caput* do art. 26, motivo por que remetemos o leitor para aquele ponto.

Aqui cabe acrescentar que se em razão do desenvolvimento mental incompleto o agente não era inteiramente capaz de entender o caráter ilícito do fato ou de determinar-se de acordo com esse entendimento, poderá ver sua pena reduzida de um a dois terços (art. 26, parágrafo único). Porém, se for apurado que o condenado necessita de especial tratamento curativo, a pena privativa de liberdade pode ser substituída pela internação, ou tratamento ambulatorial, pelo prazo mínimo de um a três anos, nos termos do art. 97 e seus §§ 1º a 4º (art. 98).

---

[183] TRINDADE, Jorge; BEHEREGARAY, Andréa; CUNEO, Mônica Rodrigues. *Psicopatia: A Máscara da Justiça*. Porto Alegre: Livraria do Advogado, 2009, p. 145.

[184] Idem, p. 138.

17. Retardo mental

Por fim, o parágrafo art. 26 do Código Penal refere o *desenvolvimento mental retardado* como última causa redutora da capacidade, na perspectiva biopsicológica, e, por conseguinte, da pena.

Assim, remetemos o leitor para o ponto em que estudamos o retardo mental em seus vários graus, apenas aqui acrescentando que, como não há, no caso do parágrafo supressão da capacidade, e sim redução, a solução será a mesma que enunciamos ao tratar do desenvolvimento mental incompleto como causa de redução da capacidade, qual seja, pena reduzida de um a dois terços, podendo, constatada a necessidade de especial tratamento curativo, haver substituição por medida de segurança nos moldes do art. 98, conforme mencionamos no item anterior.

18. Emoção e paixão

A *emoção* e a *paixão* não excluem a imputabilidade, a teor do disposto no inc. I do art. 28 do CP. Assim já o era antes mesmo da Reforma Penal de 1984, porquanto o mencionado inciso é reprodução quase literal do inc. I do art. 24 da redação original do CP, tendo apenas substituído a expressão responsabilidade por imputabilidade.

Com efeito, asseverava Nelson Hungria:[185] "Não transige o Código, no terreno da responsabilidade penal, com os *emotivos* ou *passionais* que não exorbitam da psicologia normal". Conforme Magalhães Noronha[186] e Heleno Cláudio Fragoso,[187] emoção é um estado afetivo que produz uma perturbação do equilíbrio psíquico ou da personalidade, sem, contudo, subtrair a capacidade do agente, *salvo se patológica*. A paixão é a emoção em seu estado crônico, sendo mais intensa e duradoura.

No rol das *emoções*[188] inserem-se a ira, o medo, a alegria, a ansiedade, o susto, a surpresa, o prazer erótico, a vergonha, ao passo

[185] HUNGRIA, Nelson; FRAGOSO, Heleno Cláudio. *Comentários ao Código Penal*. 5ª ed. Rio de Janeiro: Forense, v. I, t. II, p. 367.

[186] NORONHA, E. Magalhães. *Direito Penal – Introdução e Parte Geral*. 25ª ed. atual. por Adalberto José Q. São Paulo: Saraiva, 1987, v. 1, p. 172.

[187] FRAGOSO, Heleno Cláudio. *Lições de Direito Penal – Parte Geral*. 12ª ed. rev. e atualizada por Fernando Fragoso. Rio de Janeiro: Forense, 1990, p. 202.

[188] NORONHA, E. Magalhães. *Direito Penal – Introdução e Parte Geral*. 25ª ed. atual. por Adalberto José Q. São Paulo: Saraiva, 1987, v. 1, p. 172.

que no âmbito da *paixão* estão o amor, o ódio, a vingança, o fanatismo, a inveja, a avareza, a ambição, o ciúme.

A emoção e a paixão podem ter repercussão penal quando forem patológicas, caso em que serão tratadas como doença mental, conforme o art. 26. Em determinadas circunstâncias, a emoção é tratada como atenuante genérica, quando o agente praticar o fato delituoso *sob influência de violenta emoção, provocada por ato injusto da vítima* (art. 65, inc. III, letras *a* e *c*), ou, como causa de diminuição de pena quando o fato, homicídio (art. 121, § 1º) ou lesão corporal (art. 129, § 4º), é praticado *sob o domínio de violenta emoção, logo em seguida a injusta provocação da vítima,* caso em que o juiz poderá reduzir a pena de um sexto a um terço. Na atenuante genérica, basta a *influência* da violenta emoção injustamente provocada pela vítima, ao passo que nas hipóteses de diminuição de pena (homicídio e lesões corporais) será necessário que o agente esteja sob o *domínio* de violenta emoção, além do lapso temporal consistente no cometimento do crime *logo em seguida* a injusta provocação.

19. Consequências jurídicas pela prática por inimputável de fato definido como infração penal

Após termos dedicado atenção ao problema da capacidade penal, trataremos, nas linhas que seguem, das consequências jurídicas em face de sua ausência. Em linhas gerais, a consequência jurídica para o agente que pratica fato típico penal nas condições do art. 26, *caput,* será a imposição de medida de segurança. Para o caso de embriaguez completa acidental não será imposta medida de segurança, ao passo que os menores de 18 anos que venham a praticar um fato típico penal ficarão sujeitos ao que dispõe o Estatuto da Criança e do Adolescente (ECA), Lei nº 8.069/90, conforme vimos ao estudarmos a inimputabilidade em face da menoridade.

20. Medida de segurança. Conceito

A entender-se a culpabilidade como elemento constitutivo do delito, infere-se que, ante a prática de fato tipificado como infração penal por agente inimputável, não terá esse, sob o aspecto ético-jurídico, cometido um crime. Todavia, não se deve entender que tal solução signifique um indiferente penal, e sim que a consequência jurídica seja outra medida que não a pena criminal, qual seja, a medida de segurança, enquanto medida de controle social adequada ao autor de fato típico penal que não seja detentor de capacidade de culpabilidade proveniente da ausência de higidez mental.

Se para a pena criminal o pressuposto é a culpabilidade, para a medida de segurança o é a periculosidade do agente, que, em face do Código Penal brasileiro, é presumida,[189] sempre que a prática de um fato típico tiver como autor um agente nas condições estabelecidas pelo art. 26, *caput*. Nesse curso, na lição de Eduardo Reale Ferrari,[190] a "medida de segurança constitui uma providência do poder político que impede que determinada pessoa, ao cometer um ilícito-típico e se revelar perigosa, venha a reiterar na infração, necessitando de tratamento adequado para sua reintegração social". Como se vê, trata-se de medida de tratamento decorrente da prática de um ilícito-típico por pessoa inimputável, excluídos os inimputáveis em decorrência de embriaguez acidental[191] completa, por não possuírem qualquer anomalia mental, e os menores de 18 anos, os quais são submetidos à legislação própria.[192]

21. Notícia histórica: a superação do sistema duplo binário e a assunção do sistema vicariante

Luiz Régis Prado[193] refere que já no direito romano medidas preventivas eram prescritas aos menores (*infans*) e aos loucos (*amens* ou *furiosus*) os quais eram considerados inimputáveis. Segundo o autor, os "impúberes, naquela época os menores de 7 a 12 anos, eram submetidos à *verberatio*, e os loucos, que não pudessem ser contidos por suas famílias eram aprisionados". No século XVI,

---

[189] Segundo lembra Ana Heloisa Senra, "a medida de segurança é estabelecida a partir da perigosidade presumida e, além disso, até sua cessação mediante averiguação por perícia médica, é indeterminada, tendo em vista a defesa social. SENRA, Ana Heloisa. *Inimputabilidade – Conseqüências Clínicas sobre o Sujeito Psicótico*. São Paulo/Belo Horizonte: Annablume/FUMEC, 2004, p. 44.

[190] FERRARI, Eduardo Reale. *Medidas de Segurança e Direito Penal no Estado Democrático de Direito*. São Paulo: Revista dos Tribunais, 2001, p. 15.

[191] Ou seja, proveniente de caso fortuito ou força maior, a teor do § 1º do art. 28 do CP.

[192] Os menores de 18 anos ficam sujeitos às normas da Lei nº 8.069, de 13 de julho de 1990 (Estatuto da Criança e do Adolescente).

[193] PRADO, Luiz Régis. *Curso de Direito Penal Brasileiro – Parte Geral*. 8ª ed. São Paulo: Revista dos Tribunais, 2008, v. 1, cit., p. 621.

medidas de correção passam a ser aplicadas a vagabundos e mendigos, surgindo, nesse contexto histórico a pena de prisão, "sob a forma de casas de trabalho e correção, o que evidencia sua semelhança com as medidas preventivas". Refere ainda o professor paranaense que foi a "Inglaterra o primeiro país a aplicar o tratamento psiquiátrico de criminosos doentes mentais, a partir do *Criminal Lunatic Asylum Act* (1860) – que determinava o recolhimento de pessoas que praticassem algum delito, desde que penalmente irresponsáveis, a um asilo de internados – e do *Trial of Lunatic Act* (1883)". Foi também na Inglaterra que surgiu o primeiro manicômio judiciário, quando o rei Jorge III foi vítima de uma tentativa de homicídio perpetrada por um insano mental, o qual foi internado por tempo indeterminado.

No Código Penal francês de 1810, segundo ainda Luiz Régis Prado,[194] havia previsão de segregação por tempo indefinido (art. 271), bem como medidas de caráter educativo reservadas aos menores (art. 63).

Com o surgimento da Escola Positiva, protagonizada principalmente por Lombroso, Ferri e Garofalo, na última terça parte do século XIX, o Direito Penal passa a ter significativa influência do naturalismo reinante à época, aplicando-se o método das Ciências Naturais ao Direito Penal. Abstraídos seus consabidos exageros, a Escola Positiva exerceu significativa influência nas legislações penais, sobretudo no âmbito das medidas de segurança e do tratamento dos doentes mentais.

No que tange à autonomia das medidas de segurança ao lado das penas, com a devida sistematização, a doutrina aponta, como marco inicial, o Anteprojeto do Código Penal Suíço, de Karl Stoos,[195] apresentado em 1893.

No Brasil, nos tempos das Ordenações, não havia referência do tratamento penal a ser dado aos doentes mentais, mas, segundo

---

[194] PRADO, Luiz Régis. *Curso de Direito Penal Brasileiro – Parte Geral*. 8ª ed. São Paulo: Revista dos Tribunais, 2008, v. 1, cit., p. 621.

[195] Nesse sentido: ANTOLISEI, Francesco. *Manuale di Diritto Penale – Parte Generale*. 30ª ed. (a cura di Luigi Conti). Milano: Giuffrè, 1994, p. 738; GARCÍA-PABLOS DE MOLINA, *Antonio. Introducción al Derecho Penal*. Madrid: Editorial Universitaria Ramón Areces, 2005, p. 355; DIAS, Jorge de Figueiredo. *Direito Penal Português – As Consequências Jurídicas do Crime*. Lisboa: Aequitas, 1993, p. 413. O autor ressalta também o "Contra-Projecto" de Liszt e Kahls, de 1911; URZÚA, Enrique Cury. *Derecho Penal – Parte General*. 8ª ed. Santiago: Ediciones Universidad Católica de Chile, 2005, p. 775; REALE JÚNIOR, Miguel. *Instituições de Direito Penal*. 2ª ed. Rio de Janeiro: Forense, 2004, vol. II, p. 162; NORONHA, E. Magalhães. *Direito Penal – Introdução e Parte Geral*. 25ª ed. atual. Por Adalberto José Q. São Paulo: Saraiva, 1987, v. 1, p. 301, referindo que: "É no Projeto de Código Penal suíço de Stoos que, no terreno normativo, surge pela primeira vez a medida de segurança como conjunto sistemático de providências de cunho preventivo individual".

Joaquim José Caetano Pereira e Souza e também Pascoal José de Melo Freire,[196] "já os intérpretes das Filipinas ensinavam que não se poderia acusar de crime àquele que não se mostrava capaz de dolo ou de culpa, se louco, insensato e demente". Com o advento do Código Criminal do Império do Brasil, de 1830, estatui-se que os loucos que tiverem cometido crimes serão recolhidos às casas para eles destinadas, ou entregues às suas famílias, como ao juiz parecer mais conveniente (art. 12). O Código Penal de 1890, por sua vez, estabelecia: "Art. 27. Não são criminosos: § 1º Os menores de 9 annos completos; § 2º Os maiores de nove e menores de 14, que obrarem sem discernimento; § 3º Os que, por imbecilidade nativa, ou enfraquecimento senil, fôrem absolutamente incapazes de imputação; § 4º Os que se acharem em estado de completa privação de sentidos e de intelligencia no acto de commetter o crime; § 5º Os que fôrem impellidos a cometter crime por violencia physica irresistível ou ameaças acompanhadas de perigo actual; § 6º Os que commetterem crime casualmente, no exercício ou prática de qualquer acto licito, feito com atenção ordinaria; § 7º Os surdos-mudos de nascimento, que não tiverem recebido educação, nem instrucção, salvo provando-se que obraram com discernimento". Pela redação do dispositivo, a exceção dos §§ 5º e 6º, que tratam, respectivamente, de coação moral e exercício regular de direito desprovido do tipo subjetivo delituoso, cuida-se de hipóteses relativas à ausência de capacidade penal. Por sua vez, na diccção do art. 29, os "individuos isentos de culpabilidade em resultado de affecção mental serão entregues ás suas familias, ou recolhidos a hospitaes de alienados, se o seu estado mental assim exigir para segurança do publico".

Em sua feição original (1940), o Código Penal brasileiro, consagrava características que interessam particularmente ao presente trabalho: o monopólio da pena privativa de liberdade e o sistema duplo binário, segundo o qual se permitia impor ao autor de delito, a um tempo, pena e medida de segurança, e a periculosidade expressa de forma presumida e na forma não presumida, pois revela a mudança de perspectiva comparativamente à realidade atual, notadamente quanto à progressiva humanização a que se procedeu.

Quando da edição do Código Penal brasileiro de 1940, o sistema vigente era o dualista, ou dupla via, sendo mais conhecido como duplo binário, assim denominado em razão da possibilidade de aplicação sucessiva da pena e da medida de segurança pelo

[196] Conforme REALE JÚNIOR, Miguel *et al*. *Penas e Medidas de Segurança no Novo Código*. 2ª ed. Rio de Janeiro: Forense, 1987, p. 280.

mesmo fato. Essa perspectiva é tradução da forte influência exercida pela Escola Positiva, com seu trinômio Lombroso, Garófalo e Ferri. Nas palavras de Miguel Reale Júnior,[197] com "o cientificismo da segunda metade do século dezenove, buscando uma explicação etiológica do fenômeno delituoso, encontrada inicialmente por Lombroso na figura do delinqüente vítima de atavismo, que o fazia nascer propenso à prática delituosa, é que se realiza uma revolução copernicana em matéria penal. A focalização volta-se, portanto, para a pessoa do delinqüente, que apresenta, como diz Garófolo, temibilidade por ferir os sentimentos de piedade e probidade, a ser desfeita pela pena como medida profilática, segregação ou morte. Já para Ferri, o crime é decorrente de fatores múltiplos, antropológicos, físicos, psíquicos bem como do meio, socioeconômicos, neste passo vindo a influenciar Lombroso".

Com a Reforma Penal de 1984, levada a efeito pela Lei nº 7.209, aboliu-se o sistema duplo binário, afastando a possibilidade de ser infligida ao autor de um ilícito penal medida de segurança cumulada com pena criminal. A medida de segurança passa, então, a ser medida cabível aos inimputáveis nas condições estabelecidas no art. 26 do CP. Os semi-imputáveis ficam, em princípio, sujeitos à pena reduzida (CP, art. 26, parágrafo único), mas poderá ser-lhes imposta medida de segurança *substitutiva* em caso de condenação em que houver necessidade de especial tratamento curativo (CP, art. 98). Nesse caso, a medida de segurança será aplicada sempre em substituição à pena, sem cumulação. Antonio García-Pablos de Molina[198] lembra que as medidas de segurança surgem não em face de necessidade de dispensar tratamento terapêutico a pessoas necessitadas, e sim em face de exigências puramente preventivas, em decorrência da insuficiência da pena retributiva. Günter Stratenwerth,[199] a seu turno, aduz que enquanto a pena persegue fundamentalmente a reprovação pessoal do agente delituoso, a medida de segurança possui fins preventivo-especiais, com escopo – a um tempo – de correção do autor do fato descrito como crime e de tutela da coletividade. A nosso ver, o Código Penal brasileiro perfilha justamente essa linha, a cumprir propósitos no sentido de propiciar

---

[197] REALE JÚNIOR, Miguel. *Instituições de Direito Penal*. 2ª ed. Rio de Janeiro: Forense, 2004, v. II, p. 161-162.

[198] GARCÍA-PABLOS DE MOLINA, Antonio. *Introducción al Derecho Penal*. Madrid: Editorial Universitaria Ramón Areces, 2005, p. 354.

[199] STRATENWERTH, Günter; KUHLEN, Lothar. *Strafrecht – Allgemeiner Teil – Die Straftat*. 5ª ed. Berlin: Carl Heymanns Verlag, 2004, p. 19.

tratamento ao agente sem capacidade de culpabilidade e também a defesa social.

22. Natureza jurídica da medida de segurança

Consoante a Reforma Penal de 1984, a medida de segurança não constitui pena. Hans-Heinrich Jescheck[200] refere que as medidas de segurança não são penas, não sendo, assim, submetidas ao princípio da culpabilidade. Segundo o autor, o Estado, em sua tarefa de tutela coletiva a seus cidadãos frente a ilícitos penais, deve valer-se das medidas de segurança, em face da insuficiência da pena criminal, a qual requer que o fato tenha sido praticado por agente culpável.

Precisa é a lição dos penalistas Miguel Reale Júnior, René Ariel Dotti, Ricardo Antunes Andreucci e Sérgio M. de Moraes Pitombo,[201] que laboraram na aludida reforma: "O crime representa comportamento, que é a expressão de uma livre escolha do agente, que embora atingido pelas circunstâncias, influentes sobre a motivação, e pois, com área decisional circunscrita, ainda ostenta a expressão de sua própria personalidade, sendo um 'representativo de *in fieri*' próprio. Assim, o delito exige um instante pessoal, consciente do autor, daí que a sanção decorra qual reprimenda a ser absorvida por aquele que entende tanto o ato, quanto suas conseqüências. Diversa é a medida de segurança, que impõe não a um momento abrangente do comportamento, mas que visa a atuar sobre o estado de alguém, que se movimentou, no dizer de DeMarsico, como energia. Tais premissas permitem a conclusão de que a culpabilidade se entranha no território ético,enquanto a periculosidade se engasta no naturalístico, adstrita, ainda que por ficção, ao primado da causalidade. Em síntese, na expressão dos antigos, *a medida de segurança resume-se a um atuar, prioritariamente, administrativo*, voltado para aqueles que se denominavam de loucos de todo gênero, fórmula simbólica e tradutora de um *status*, presidido pela alienação, face ao próprio eu, mais a realidade circunjacente. Devem receber, portanto, os inimputáveis e os semi-imputáveis, quando necessário, não a sanção aflitiva, a qual jamais compreenderia, porém tão somente *o*

[200] JESCHECK, Hans-Heinrich; WEIGEND, Thomas. *Lehrbuch des Strafrechts – Allgemeiner Teil*. 5ª ed. Berlin: Duncker & Humblot, 1996, p. 802-803.

[201] REALE JÚNIOR. Miguel *et al*. *Penas e Medidas de Segurança no Novo Código*. 2ª ed. Rio de Janeiro: Forense, 1987, p. 286.

tratamento para a afecção do intelecto e da vontade" (os destaques em negrito não constam no original). Como se vê, a concepção de medida de segurança delineada na nova parte geral do Código Penal é de medida de tratamento.

Porém, a questão não é pacífica, havendo discussão sobre se a natureza jurídica das medidas de segurança teriam caráter meramente administrativo ou jurídico-penal. Consoante assevera Luiz Régis Prado,[202] "insere-se a medida de segurança no gênero sanção penal, no qual figura como espécie, ao lado da pena".

23. Princípios

Ainda que outros possam ser apontados, relevam no domínio das medidas de segurança o princípio da legalidade e o da proporcionalidade

23.1. Legalidade

Princípio reitor à imposição de medida de segurança é o princípio da legalidade. Esse entendimento é assente em doutrina. Luis Gracia Martín[203] sustenta que se "encuentra implícito en el art. 53.1 CE, que establece que 'Los derechos y libertades reconocidos en el Capítulo segundo del presente Título vinculan a todos los poderes públicos. Sólo por ley, que en todo caso deberá respetar su contenido esencial, podrá regularse el ejercicio de tales derechos y libertades, que se tutelarán de acuerdo con lo previsto en el artículo 161,1 a)'". Consoante aduz José Cerezo Mir[204] o "principio de legalidad de las medidas de suguridad puede considerarse implícito en el apartado 2º del artículo 1º del Código penal, aunque en él se establezca únicamente, de un modo expreso, el principio de legalidad en relación con los presupuestos de su aplicación".[205]

---

[202] PRADO, Luiz Régis. *Curso de Direito Penal Brasileiro – Parte Geral*. 8ª ed. São Paulo: Revista dos Tribunais, 2008, v. 1, p. 624.

[203] GRACIA MARTÍN, Luis. *Tratado de las Consecuencias Jurídicas del Delito*. Valencia: Tirant lo Blanch, 2006, p. 443.

[204] CEREZO MIR, José. *Curso de Derecho Penal Español*. 6ª ed. Madrid: Tecnos, 2004, vol. I, p. 205.

[205] Com efeito, estabelece o Código Penal espanhol em seu art. 1º, 2: "Las medidas de seguridad sólo podrán aplicarse cuando concurram los presupuestos establecidos previamente por Ley".

Na Itália, a *Costituzione della Repubblica*[206] e mesmo o velho Código Rocco[207] não deixam dúvidas ao estabelecerem que ninguém pode ser submetido à medida de segurança fora dos casos previstos em lei. Pautado no inc. II do art. 25 da Constituição e no art. 199 do Código Penal, Giuseppe Bettiol[208] assevera que a aplicação da medida de segurança não é remetida à discricionariedade do julgador, senão às hipóteses legais. Porém, adverte Luigi Ferrajoli[209] que não vige nessa matéria nem o princípio de estrita legalidade – no sentido em que deve ser entendido em matéria penal –, nem o princípio da irretroatividade da lei penal. E isso porque, segundo entendimento do autor, este último princípio é expressamente negado pelo art. 200 do *Codice Penale*[210] ao estabelecer que as medidas de segurança são reguladas pela lei em vigor ao tempo de sua aplicação ou de sua execução, o que permitiria a aplicação de uma *lex gravior* a fatos praticados anteriormente a sua vigência. Nesse passo, com relação ao mencionado art. 200, pode-se afirmar que se está diante de um princípio da legalidade relativizado, mas, em todo caso, de duvidosa constitucionalidade, nomeadamente em face do que estabelece o art. 25 da Lei Maior italiana.

A problemática da sucessão de leis em matéria de medidas seguranças era expressamente prevista pelo art. 75 do Código Penal brasileiro, em sua redação original, semelhante à do Código italiano, na seguinte dicção: "As medidas de segurança regem-se pela lei vigente ao tempo da sentença, prevalecendo, entretanto, se diversa a lei vigente ao tempo da execução". Assim se expressava o Ministro Francisco Campos na Exposição de Motivos: "Preliminarmente, é assegurado o *princípio da legalidade* das medidas de segurança; mas, por isso mesmo que a medida de segurança não se confunde com a pena, não é necessário que esteja prevista em *lei anterior ao fato*, e não se distingue entre a *lex mitior* e a *lex gravior* no sentido da retroatividade: regem-se as medidas de segurança pela lei vigente

---

[206] Costituzione della Repubblica, art. 25: "(...) Nessuno può essere sottoposto a misure di sicurezza se non nei casi previsti dalla legge".

[207] Codice Penale, art. 199: "(Sottoposizione a misure di sicurezza: disposizione espressa di legge). Nessuno può essere sottoposto a misure di sicurezza che non siano espressamente stabilite dalla legge e fuori dei casi dalla legge stessa previduti (25 Cost.)".

[208] BETTIOL, Giuseppe; MANTOVANI, Luciano Pettoello. *Diritto Penale.* 12ª ed. Padova: CEDAM, 1986, p. 967.

[209] FERRAJOLI, Luigi. *Diritto e Ragione.* 4ª ed. Roma-Bari: Laterza, 1997, p. 814.

[210] Codice Penale, art. 200: "(Aplicabilità delle misure di sicurezza rispetto al tempo, al territorio e alle persone). Le misure di sicurezza sono regolate dalla legge in vigore al tempo della loro applicazione. Se a legge del tempo in cui deve eseguirsi la misura di sicurezza è diversa, si applica la legge in vigore al tempo della esecuzione. (...)".

ao tempo da sentença ou pela que se suceder durante a execução (art. 75)". Nelson Hungria,[211] a seu turno, homologava o referido entendimento: "A lei sucessiva se aplica sempre, imediatamente, em substituição à lei anterior, pouco importando se mais benigna, ou se mais rigorosa". Tal dispositivo não foi reproduzido pela reforma penal levada a efeito pela Lei nº 7.209, de 1984.

A observação de Luigi Ferrajoli antes referida revela-se de especial relevância porque diz respeito ao conteúdo do princípio da legalidade, o qual deve ter como fonte a lei formal (*lex scripta*), ou seja, emanada do poder legislativo – e no Brasil é de notar-se a expressa vedação à edição de Medidas Provisórias em matéria penal, *v.g.*, a teor do que dispõe o art. 62, § 1º, I, letra *b*, da Constituição Federal –, e, além dos atributos de constituir *lex stricta* e *lex certa*, a irretroatividade da lei penal, ou seja, a cumprir o princípio da legalidade deverá tratar-se de *lex praevia*. Nesse sentido, é de mencionar-se a expressa previsão em terras lusitanas seja pela Constituição, seja pelo Código Penal, que segundo Jorge de Figueiredo Dias[212] "constitui uma posição do direito penal português recente (a partir da CRP, logo na sua formulação inicial, mas sobretudo a partir da sua reforma de 1982, e do CP de 1982) que ainda mal encontra paralelo em legislações estrangeiras, se bem que receba aplauso da doutrina no estado mais recente da sua evolução".

Em *terrae brasilis*, Eduardo Reale Ferrari,[213] em excelente monografia, assevera a positivação do princípio: "Estendendo o brocardo latino enunciado por Feurbach: *nullum crimen, nulla misura sine lege praevia*, nenhum indivíduo será acusado e muito menos sancionado penalmente - com medida de segurança criminal - sem anterior previsão legal, configurando o princípio da legitimidade nas medidas de segurança criminais implícito, tanto na Constituição Federal de 1988 (art. 5º, inc. XXXIX), como no Código Penal Brasileiro (art. 2º)".[214] A nosso ver, razão assiste ao autor, porquanto não é compatível com o Estado Democrático de Direito consagrado pela Constituição brasileira de 1988 medida constritiva da liberdade – e

[211] HUNGRIA, Nelson. *Comentários ao Código Penal*. Rio de Janeiro: Forense, 1951, v. III, p. 29.

[212] DIAS, Jorge de Figueiredo. *Direito Penal Português – As Consequências Jurídicas do Crime*. Lisboa: Aequitas, 1993, p. 436.

[213] FERRARI, Eduardo Reale. *Medidas de Segurança e Direito Penal no Estado Democrático de Direito*. São Paulo: Revista dos Tribunais, 2001, p. 92-93.

[214] No mesmo sentido, e invocando Reale Ferrari, é a lição de Miguel Reale Júnior: "A medida de segurança está igualmente sujeita ao princípio da legalidade e ao seu corolário, a irretroatividade, pois como assevera FERRARI, não podem ser aplicadas medidas de segurança não previstas em lei ou de caráter administrativo". REALE JÚNIOR, Miguel. *Instituições de Direito Penal*. 2ª ed. Rio de Janeiro: Forense, 2004, vol. II, p. 174.

a medida de segurança assim se traduz – aplicável de forma retroativa.

23.2. Proporcionalidade

Segundo Paul Bockelmann e Klaus Volk,[215] as medidas de segurança configuram espécie de sanção penal, não obstante o fato de não constituírem penas, "pois sua imposição não exprime nenhum juízo de desvalor ético-social". Assim sendo, aplicável o princípio da proporcionalidade, o qual, é de frisar-se, encontra expressa consagração no ordenamento alemão, ao estabelecer o art. 62[216] que uma medida de segurança não pode ser ordenada quando desproporcional ao significado das infrações cometidas pelo agente ou aquelas dele esperadas em face do grau de sua periculosidade. Consoante ressalta Hans-Heinrich Jescheck,[217] o princípio da proporcionalidade deve ser observado, por sua dedução constitucional, bem como em razão de sua expressa previsão no Código Penal alemão.

Na doutrina espanhola, Luis Gracia Martín[218] observa que as medidas de segurança, assim como qualquer ato estatal que interfira em bens ou direitos do cidadão devem submeter-se ao princípio da proporcionalidade, por tratar-se de princípio ético-jurídico que deve reger todo tipo de atuação estatal em um Estado de Direito. Francisco Muñoz Conde e Mercedez García Arán[219] obtemperam que não obstante seja a proporcionalidade "un concepto propio de las penas, la opción del Código penal permite aplicarlo a las medidas en tanto en cuanto se establece como principio que éstas no podrán resultar ni más gravosas ni de mayor duración que la pena señalada al hecho cometido ni exceder el límite de lo necesario para previnir la peligrosidad del autor (art. 6,2)". Gerardo Landrove Díaz[220] postula que ao passo que a pena deva ser proporcional à

[215] BOCKELMANN, Paul; VOLK, Klaus. *Direito Penal – Parte Geral*. Belo Horizonte: Del Rey, 2007, p. 357.

[216] *Strafgesetzbuch*, § 62: "*Grundsatz der Verhältnismäigkeit. Eine Maßregel der Besserung und Sicherung darf nicht angeordnet werden, wenn sie zur Bedeutung der vom Täter begangenen und zu erwartenden Taten sowie zu dem Grad der von ihm ausgehenden Gefahr außer Verhältnis steht*".

[217] JESCHECK, Hans-Heinrich; WEIGEND, Thomas. *Lehrbuch des Strafrechts – Allgemeiner Teil*. 5ª ed. Berlin: Ducnker & Humlot, 1996, p. 804.

[218] GRACIA MARTÍN, Luis. *Tratado Tratado de las Consecuencias Jurídicas del Delito*. Valencia: Tirant lo Blanch, 2006, p. 459.

[219] MUÑOZ CONDE, Francisco; GARCÍA ARÁN, Mercedes. *Derecho Penal – Parte General*. 5ª ed. Valencia: Tirant lo Blanch, 2002, p. 597

[220] LANDROVE DÍAZ, Gerardo. *Las Consecuencias Jurídicas del Delito*. 4ª ed. Madrid: Tecnos, 1996, p. 115.

gravidade do delito, deve, a seu turno, a medida de segurança ser proporcional à periculosidade do agente. Baseia-se a doutrina no disposto no art. 6, 2, o qual dispõe: "Las medidas de seguridad no pueden resultar ni más gravosas ni de mayor duración que la pena abstractamente aplicable al hecho cometido, ni exceder el límite de lo necesario para prevenir la peligrosidade del autor".

Dentre os autores brasileiros, Eduardo Reale Ferrari[221] sustenta que "a aplicação da medida de segurança criminal, diante do princípio da proporcionalidade em sentido amplo, deve condicionar-se à sua necessidade, adequação e limitação de seus objetivos". Miguel Reale Júnior,[222] sempre com sua aguçada abordagem, aponta uma diversidade de problemas atinentes à matéria. Em primeiro lugar, a buscar-se a proporcionalidade da medida em face do gravame ocasionado, recai-se na dificuldade em estabelecer o fato como fundamento da medida, já que o fato típico praticado é pressuposto, mas não fundamento da aplicação da medida, que "reside na doença mental do autor do fato". Menciona o autor a redação original do Código Penal de 1940 que "estatuía (art. 91 e 92) uma relação entre a pena máxima cominada ao fato previsto como crime e o tempo mínimo de duração da medida de segurança, com internação em manicômio judiciário ou casa de custódia e tratamento, fixando taxativamente graus de tempo mínimo, para cada uma destas espécies de internações, devendo-se observar o cumprimento da internação por este tempo, após o qual se analisaria a cessação da periculosidade com vistas à desinternação". Analisando a aludida previsão hoje revogada, o penalista entende ser correto levar em conta a gravidade do fato, mas não nos moldes daquele antigo regramento pelo fato de a pena e a medida de segurança possuírem fundamentos diversos. O penalista aponta como correta a solução trazida pela Reforma de 1984, levando a que o fato de menor gravidade, punido com pena de detenção, possa levar o juiz a aplicar não à aplicação de internação, e sim o tratamento ambulatorial.

Juarez Cirino dos Santos[223] opõe severas críticas à duração indeterminada das medidas de segurança, o que, para ele representa violação da dignidade humana, bem como lesão ao princípio da proporcionalidade, "porque não existe correlação possível entre a

---

221 FERRARI, Eduardo Reale. *Medidas de Segurança e Direito Penal no Estado Democrático de Direito*. São Paulo: Revista dos Tribunais, 2001, p. 101.

222 REALE JÚNIOR, Miguel. *Instituições de Direito Penal*. 2ª ed. Rio de Janeiro: Forense, 2004, v. II, p. 174-175.

223 SANTOS, Juarez Cirino. *Teoria da Pena: Fundamentos Políticos e Aplicação Judicial*. Curitiba: ICPC/Lumen Juris, 2005, p. 204

perpetuidade da internação e a *inconfiabilidade* do prognóstico de periculosidade criminal do exame psiquiátrico". A nosso ver, busca o Código Penal pátrio atender ao princípio da proporcionalidade, sob certo aspecto, quando distingue a medida privativa de liberdade da medida não privativa da liberdade, com base na pena prevista para o ilícito-típico praticado. Com efeito, a teor do art. 97 do Código Penal, ficará o inimputável que se encontrar em uma das hipóteses do art. 26 sujeito à internação, se fato que tiver praticado for apenado com reclusão, mas poderá ser submetido a tratamento ambulatorial se o fato previsto como crime por ele praticado for punível com detenção. Nesse passo, buscou o legislador estabelecer um critério de proporcionalidade. Mais audacioso foi o legislador espanhol, que no art. 6, 2 do Código Penal limitou a duração das medidas de segurança à pena máxima cominada em abstrato para o fato praticado.

24. Pressupostos de aplicação da medida de segurança

Dois são os pressupostos à aplicação da medida de segurança: a prática de fato definido como infração penal (crime ou contravenção) e a periculosidade do agente. Serão os pontos tratados neste tópico.

24.1. Prática de fato definido como crime ou contravenção

Dispõe o art. 97 do Código Penal: "Art. 97. Se o agente for inimputável, o juiz determinará sua internação (art. 26). Se, todavia, o fato previsto como crime for punível com detenção, poderá o juiz submetê-lo a tratamento ambulatorial".

Consoante redação do dispositivo, vê-se que o primeiro pressuposto para aplicação da medida de segurança é a prática de fato punível, ou seja, antes de verificar eventual inimputabilidade à imposição de medida de segurança, o comportamento do agente terá que se amoldar a um tipo penal incriminador previsto na parte especial do Código Penal ou em legislação extravagante.

Também a Lei da Contravenções Penais (LCP, Dec.-Lei nº 3.688/41) dispõe sobre a medida de segurança:

> Art. 13. Aplicam-se, por motivo de contravenção, as medidas de segurança estabelecidas no Código Penal, à exceção do exílio local.

Assim, toda infração penal, crime ou contravenção, é passível de acarretar a medida de segurança a seu autor. O exílio local foi abolido pela Reforma Penal de 1984.[224] Outrossim, não se olvide que os arts. 14 e 15 da LCP, que tratavam da medida de segurança, foram revogados pela Reforma Penal de 1984, ao passo que o art. 16 do mesmo diploma deve ser lido em consonância com o art. 97 do CP.

24.2. A periculosidade como pressuposto e fundamento da medida de segurança

O segundo pressuposto para a aplicação da medida de segurança é a periculosidade do agente. Ao tempo da redação original do Código Penal, concorriam hipóteses de periculosidade presumida ao lado de hipóteses de periculosidade denominada real.

Leciona René Ariel Dotti que consiste "a *periculosidade real* na constatação pelo juiz e mediante perícia médica que o autor é doente mental ou portador de desenvolvimento mental incompleto ou retardado".[225] Por outro lado, a "periculosidade é *presumida* quando a lei determina que o inimputável por doença mental ou desenvolvimento mental incompleto (CP, art. 26) deve ser internado (CP, art. 97). Enquanto a periculosidade *real* é verificada pelo juiz, a periculosidade *presumida* decorre da lei".

Sob a égide da Reforma Penal de 1984, a periculosidade do agente inimputável que pratica fato definido como crime é presumida, visto que o CP, ante a confluência da prática de fato punível com a inimputabilidade (nas condições do art. 26, *caput*), estipula como consequência, *ex legge*, a aplicação da medida de segurança, sem que o juiz necessite fazer qualquer apreciação senão a da presença da doença mental, desenvolvimento mental incompleto ou retardado que leve o agente a não ter condições de compreender o caráter ilícito do fato ou de determinar-se de acordo com esse entendimento.

Relativamente aos semi-imputáveis, a periculosidade não é presumida, visto que esses são considerados capazes, e, portanto, culpáveis, passíveis de reprovação. Porém, no caso de necessitarem de especial tratamento curativo terá lugar a *determinação judicial de*

---

[224] JESUS. Damásio E. *Lei das Contravenções Penais Anotada*. 8ª ed. São Paulo: Saraiva, 2001, p. 48.

[225] DOTTI, René Ariel. *Curso de Direito Penal – Parte Geral*. 2ª ed. Rio de Janeiro: Forense, 2004, p. 628.

periculosidade criminal,[226] que é determinada pelo juiz, consoante o que estabelece o art. 98 do CP.

A Lei das Contravenções Penais deve seguir a inteligência dos arts. 97 e 98 do CP, visto que os artigos que tratavam da matéria na LCP (arts. 14 e 15), os quais previam a periculosidade presumida em razão de condenação por motivo de contravenção cometida em estado de embriaguez e também condenação por vadiagem ou mendicância, foram revogados.

25. Espécies

Em doutrina, divisam-se as medidas de segurança pessoais em privativas de liberdade e não privativas de liberdade, sendo ambas encontráveis no Código Penal brasileiro. Ao lado das medidas de segurança pessoais, há países que admitem, ou que já admitiram, a figura das medidas patrimoniais, sendo que estas últimas, ao contrário das medidas pessoais, não são admitidas pelo ordenamento brasileiro, consoante adiante se verá.

25.1. Medidas de segurança privativas de liberdade

As medidas de segurança privativas de liberdade[227] consistem em internação do agente em estabelecimento adequado, de acordo com o transtorno que apresente.

O Código Penal brasileiro prevê a *internação em hospital de custódia e tratamento psiquiátrico ou, à falta, em outro estabelecimento adequado* (CP, art. 96, inc. I) como hipótese de medida de segurança privativa de liberdade.

Tal medida visa, pelo menos alegadamente, a um tempo, ao controle social e também ao tratamento do autor do fato previsto como crime.

O critério para que o sujeito seja submetido à internação decorre da espécie de pena prevista em abstrato para o fato praticado, visto que, segundo o art. 97, se o agente for inimputável, por uma

[226] SANTOS, Juarez Cirino. *Teoria da Pena – Fundamentos Políticos e Aplicação Judicial*. Rio de Janeiro: ICPC/Lumen Juris, 2005, p. 198-199.

[227] GRACIA MARTÍN, Luis *et al*. *Tratado de las Consecuencias Jurídicas del Delito*. Valencia: Tirant lo Blanch, 2006, p. 467.

das causas arroladas no art. 26, o juiz determinará sua internação, ao passo que se o crime for punível com detenção, poderá o juiz submetê-lo a tratamento ambulatorial. Portanto, ao inimputável nas condições do art. 26 será imposta a internação, ou seja, a medida de segurança privativa de liberdade, se o fato praticado for apenado com reclusão, podendo também sê-lo se o fato for apenado com detenção.

25.2. Medidas de segurança não privativas de liberdade

Ao lado das medidas privativas de liberdade, prevê o Código medida não detentiva, consistente em sujeição a tratamento ambulatorial. Isso quando o fato praticado for apenado com detenção. Ainda assim, segundo o art. 97, *poderá o juiz submetê-lo a tratamento ambulatorial*, significando com isso que a opção fica a critério do juiz, de acordo com apreciação seguindo um critério de necessidade e adequação.

No particular, Juarez Cirino dos Santos[228] opõe-se a esse entendimento, afirmando que a pena de detenção determina o tratamento ambulatorial, podendo, ulteriormente, durante a execução do tratamento ambulatorial, o juiz determinar a internação, se necessária para fins curativos, consoante determinaria, para o autor, o § 4º do art. 97.

Não partilhamos de semelhante entendimento. Com efeito, o *caput* do art. 97 é expresso em afirmar que o juiz *poderá* submeter o agente a tratamento ambulatorial. Miguel Reale Júnior[229] é da mesma opinião por nós aqui defendida: "A menor gravidade do fato realizado, punido com pena de detenção, *pode* levar o juiz a aplicar, segundo o art. 97, segunda parte, do Código Penal, em vez de internação, o tratamento ambulatorial, medida restritiva e não privativa de liberdade". Assim sendo, o inimputável autor de fato típico apenado com detenção tanto poderá ser internado como também ser submetido a tratamento ambulatorial. Porém, neste último caso, se a opção do juiz for pelo tratamento ambulatorial e quando de sua execução mostrar-se mais adequada a internação aí far-se-á a substituição. Esse é sentido do § 4º, quando lido em harmonia com o *caput* do art. 97.

---

[228] SANTOS, Juarez Cirino dos. *Teoria da Pena: Fundamentos Políticos e Aplicação Judicial.* Rio de Janeiro: ICPC/Lumen Juris, 2005, p. 203.

[229] REALE JÚNIOR, Miguel. *Instituições de Direito Penal.* 2ª ed. Rio de Janeiro: Forense, 2004, v. II, p. 175.

25.3. Medidas de segurança patrimoniais

As medidas de segurança patrimoniais[230] partem do suposto do dano potencial propiciados por determinados objetos para os interesses da sociedade. No escopo de evitar ditos perigos, propugnam-se tais medidas de cunho patrimonial, como, *v.g.*, o confisco do instrumento utilizado pelo agente delituoso.

O Código Penal brasileiro, na redação original do art. 99, previa hipótese de medida de segurança patrimonial, consoante ensina Eduardo Reale Ferrari:[231] "Disciplinada no art. 99 do Código Penal de 1940, a antiga medida de segurança patrimonial de interdição de estabelecimento incidia sobre o local do comércio, indústria ou sede de associação, pouco se importando com o proprietário do estabelecimento. A medida de segurança patrimonial não interditava o estabelecimento pela própria existência, nem diante da periculosidade de seu proprietário, mas pelas condições de favorabilidade do ambiente criminológico, denotando uma forma preventiva de evitar a reiteração do delito".

As medidas de segurança patrimoniais possuem, entre nós, valor meramente histórico, visto que inadmissível em um Estado Democrático de Direito, em observância ao princípio da culpabilidade, medida que não seja pessoal, ou seja, a responsabilidade criminal é por excelência pessoal atingindo tão somente o autor do fato previsto como crime.

26. Duração

A medida de segurança possui um prazo mínimo previsto em lei, cujo prazo máximo é indefinido (*ergastolo*!!!???).

Dispõe o art. 97:

Imposição de medida de segurança para inimputável
Art. 97. Se o agente for inimputável, o juiz determinará sua internação (art. 26). Se, todavia, o fato previsto como crime for punível com detenção, poderá o juiz submetê-lo a tratamento ambulatorial.

Prazo
§ 1º A internação, ou tratamento ambulatorial, será por tempo indeterminado, perdurando enquanto não for averiguada, mediante perícia médica, a cessação de periculosidade. O prazo mínimo deverá ser 1 (um) a 3 (três) anos.

---

[230] FERRARI, Eduardo Reale. *Medidas de Segurança e Direito Penal no Estado Democrático de Direito*. São Paulo: Revista dos Tribunais, 2001, p. 88-89.

[231] Idem, p. 89.

Perícia médica

§ 2º A perícia médica realizar-se-á ao termo do prazo mínimo fixado e deverá ser repetida de ano em ano, ou a qualquer tempo, se o determinar o juiz da execução.

Desinternação ou liberação condicional

§ 3º A desinternação, ou a liberação, será sempre condicional devendo ser restabelecida a situação anterior se o agente, antes do decurso de 1 (um) ano, pratica fato indicativo de persistência de sua periculosidade.

§ 4º Em qualquer fase do tratamento ambulatorial, poderá o juiz determinar a internação do agente, se essa providência for necessária para fins curativos.

Como aduz Miguel Reale Júnior,[232] criticam-se tanto a ausência de prazo máximo quanto o prazo mínimo legalmente fixado, "pois uma vez curado teria de cessar a medida".

27. Medida de segurança e os direitos do internado

Dispõe o art. 99 do Código Penal:

Direitos do internado

Art. 99. O internado será recolhido a estabelecimento dotado de características hospitalares e será submetido a tratamento.

Sobre o tema, acrescenta a Lei de Execuções Penais (LEP), no parágrafo único de seu art. 99 que: "Aplica-se ao Hospital, no que couber, o disposto no parágrafo único do art. 88 desta Lei". Por sua vez, o citado parágrafo estabelece que são requisitos básicos da unidade celular: *a*) a salubridade do ambiente pela concorrência dos fatores de aeração, insolação e condicionamento térmico adequado à existência humana; e *b*) área mínima de $6m^2$ (seis metros quadrados).

Consoante aduz Miguel Reale Júnior,[233] "estas exigências já indicam que o internado não deve apenas ser confinado, mas sim submetido a tratamento, pois é obrigatória a realização de exame psiquiátrico e dos demais exames visando à terapia, conforme dispõe o art. 100 da Lei de Execução Penal. O art. 43 da Lei de Execução Penal garante, ademais, ao internado a liberdade de ter médico de confiança pessoal de seus familiares ou dependentes, que poderá acompanhar e orientar o tratamento".

---

232 REALE JÚNIOR, Miguel. *Instituições de Direito Penal.* 2ª ed. Rio de Janeiro: Forense, 2004, v. II, p. 176.

233 Idem, p. 179-180.

Constituem, ainda, direitos do internado, aqueles conferidos ao preso, conforme art. 41 da LEP:

> Art. 41. Constituem direitos do preso:
> I – alimentação suficiente e vestuário;
> II – atribuição de trabalho e sua remuneração;
> III – previdência social;
> IV – constituição de pecúlio;
> V – proporcionalidade na distribuição do tempo para o trabalho, o descanso e a recreação;
> VI – exercício das atividades profissionais, intelectuais, artísticas e desportivas anteriores, desde que compatíveis com a execução da pena;
> VII – assistência material, à saúde, jurídica, educacional, social e religiosa;
> VIII – proteção contra qualquer forma de sensacionalismo;
> IX – entrevista pessoal e reservada com o advogado;
> X – visita do cônjuge, da companheira, de parentes e amigos em dias determinados;
> XI – chamamento nominal;
> XII – igualdade de tratamento salvo quanto às exigências da individualização da pena;
> XIII – audiência especial com o diretor do estabelecimento;
> XIV – representação e petição a qualquer autoridade, em defesa de direito;
> XV – contato com o mundo exterior por meio de correspondência escrita, da leitura e de outros meios de informação que não comprometam a moral e os bons costumes;
> XVI – atestado de pena a cumprir, emitido anualmente, sob pena de responsabilidade da autoridade judiciária competente.
> Parágrafo único. Os direitos previstos nos incisos V, X e XV poderão ser suspensos ou restringidos mediante ato motivado do diretor do estabelecimento.

Relativamente aos direitos supraelencados, é de registrar que a própria LEP os estende ao submetido à medida de segurança (art. 42).

Por fim, conforme lembra René Ariel Dotti,[234] os direitos do agente inimputável recolhido em recolhido a local adequado decorrem da observância à dignidade da pessoa humana, enquanto fundamento da República (CF, art. 1º, inc. III).

28. Medida de segurança e prescrição

Estabelece o parágrafo único do art. 96 do CP que, extinta a punibilidade, não se impõe medida de segurança nem subsiste a que tenha sido imposta.

---

[234] DOTTI, René Ariel. *Curso de Direito Penal – Parte Geral*. 2ª ed. Rio de Janeiro: Forense, 2004, p. 635.

Destaca-se, como uma das mais importantes causas de extinção de punibilidade, a ocorrência da prescrição,[235] de modo que uma vez implementados os prazos estabelecidos no art. 109 do CP, deve ser afastada a aplicação da medida de segurança.

29. Execução das medidas de segurança

Nos moldes do art. 171 da LEP,[236] após o trânsito em julgado da medida de segurança, será ordenada a expedição da guia para a execução (carta de guia). Para que seja iniciada a execução, imprescindível a emissão da carta de guia, seja para tratamento ambulatorial, seja para internação (art. 172).

A carta de guia deve ser expedida pela autoridade judiciária competente, observando-se as formalidades referidas no art. 173. Estabelece o dispositivo que a guia será extraída pelo escrivão, que a rubricará em todas as folhas e a subscreverá com o juiz, remetendo-a à autoridade administrativa incumbida da execução e conterá: a qualificação do agente e o número do registro geral do órgão oficial de identificação (inc. I); o inteiro teor da denúncia e da sentença que tiver aplicado a medida, bem como a certidão do trânsito em julgado (inc. II); a data em que terminará o prazo mínimo de internação, ou do tratamento ambulatorial (inc. III); outras peças do processo reputadas indispensáveis ao adequado tratamento ou internamento (inc. IV). O recebimento e a internação em estabelecimento psiquiátrico sem as formalidades mencionadas constitui contravenção penal, conforme disposto no art. 22 da LCP.

Ao Ministério Público será dada ciência da guia de recolhimento e de sujeição a tratamento (art. 173, § 1º). Outrossim, será a guia retificada sempre que sobrevier modificação quanto ao prazo de execução (art. 173, § 2º).

Enquanto órgão da execução, incumbe ao Ministério Público relevante mister, devendo, assim, tanto requerer a aplicação como também a revogação das medidas de segurança, além de,

---

[235] Sobre prescrição e medida de segurança, consulte-se: FAYET JÚNIOR, Ney; FAYET, Marcela; BRACK, Karina. *Prescrição Penal – Temas Atuais e Controvertidos*. Porto Alegre, 2007, p. 113 e ss.

[236] Sobre a impossibilidade da execução antecipada da medida de segurança, consulte-se: SANGUINÉ, Odone. *Prisão Cautelar, Medidas Alternativas e Direitos Fundamentais*. Rio de Janeiro: Forense, 2014, p. 233 e ss.

dentre outras, fiscalizar, instaurar incidentes e interpor recursos (art. 68).

Convém lembrar que pode se dar o caso de no curso da execução da pena privativa de liberdade sobrevir ao condenado doença mental ou perturbação da saúde mental, caso em que o juiz, de ofício, a requerimento do Ministério Público ou da autoridade administrativa, poderá determinar a substituição da pena por medida de segurança (art. 183), sendo que o tratamento ambulatorial eventualmente imposto poderá ser convertido em internação se o agente revelar incompatibilidade com a medida (art. 184), cujo prazo mínimo será de um ano (art. 184, parágrafo único). Conforme o art. 42 do CP, na lição de Miguel Reale Júnior[237] e coautores da Reforma de 1984, o tempo de tratamento será computado para os fins da detração penal.

O cumprimento da medida de segurança dá-se ordinariamente com a cessação da periculosidade, nos termos do art. 175 da LEP (bem como art. 97 do CP), que deverá ser averiguada ao final do prazo mínimo. "Por exceção", consoante lembra Juarez Cirino dos Santos,[238] "o exame de periculosidade criminal pode ser realizado *durante* o prazo mínimo, mediante requerimento fundamentado do Ministério Público ou do interessado, observado idêntico procedimento, também válido para exames sucessivos (arts. 176-177, LEP)". Aplicáveis às medidas de segurança, ainda, os arts. 132 e 133, os quais dispõem sobre o livramento condicional.

30. A lei de reforma psiquiátrica

A Lei nº 10.216/01 ou Lei de Reforma Psiquiátrica foi editada no escopo de regular a proteção e os direitos das pessoas portadoras de transtornos mentais, bem como de redirecionar o modelo assistencial em saúde mental.

Ao ver de Paulo Queiroz, a referida lei é aplicável às medidas de segurança, as quais estariam incluídas na *internação compulsória* (arts. 6º, inc. III, e 9º), deflagrando a necessidade de uma releitura do Código Penal e da Lei de Execuções Penais.

---

[237] REALE JÚNIOR. Miguel *et al. Penas e Medidas de Segurança no Novo Código*. 2ª ed. Rio de Janeiro: Forense, 1987, p. 296.

[238] SANTOS, Juarez Cirino dos. *Teoria da Pena: Fundamentos Políticos e Aplicação Judicial*. Rio de Janeiro: ICPC/Lumen Juris, 2005, p. 206.

O autor,[239] apoiado em Paulo Jacobina e em Haroldo Caetano, articula as seguintes principais consequências:

> 1. Finalidade preventiva especial. A lei considera como *finalidade permanente* do tratamento a reinserção social do paciente em seu meio (art. 4º, § 1º), reforçando assim a finalidade – já prevista na LEP – preventiva individual das medidas de segurança. Portanto, toda e qualquer disposição que tiver subjacente a ideia de castigo restará revogada.
>
> 2. Excepcionalidade da medida de segurança detentiva (internação). Exatamente por isso, a internação só poderá acontecer quando for absolutamente necessária, isto é, quando o tratamento ambulatorial não for comprovadamente o mais adequado. É que, de acordo com a lei, a internação só é indicada quando os recursos ex-hospitalares se mostrarem insuficientes, devendo ser priorizados os meios de tratamento menos invasivos possíveis (arts. 4º e 2º, parágrafo único, VIII). Por isso que independentemente da gravidade da infração cometida, preferir-se-á o tratamento menos lesivo à liberdade do paciente, razão pela qual, independentemente da pena cominada (se reclusão ou detenção), o tratamento ambulatorial (extra-hospitalar) passa a ser a regra, e a internação, a exceção, apesar de o Código dispor em sentido diverso. Também por isso é vedada a internação de pacientes em instituições com características asilares (art. 4º, § 3º).
>
> 3. Revogação dos prazos mínimos da medida de segurança. Parece certo também que a fixação de prazos mínimos restou revogada, pois são incompatíveis com o princípio da utilidade terapêutica do internamento (art. 4º, § 1º) ou com o princípio da desinternação progressiva dos pacientes cronificados (art. 5º). Além disso, a presunção de periculosidade do inimputável e o seu tratamento em função do tipo de delito que cometeu (se punido com reclusão ou detenção), baseado em prazos fixos e rígidos, são incompatíveis com as normas sanitárias que visam à reinserção social do paciente.
>
> 4. Alta planejada e reabilitação psicossocial assistida. No caso de paciente há longo tempo hospitalizado ou para o qual se caracterize situação de grave dependência institucional, decorrente de quadro clínico ou de ausência de suporte social, será objeto de política específica de alta planejada e reabilitação psicossocial assistida, sob responsabilidade da autoridade sanitária competente (art. 5º).
>
> 5. O paciente tem o direito ao melhor tratamento do sistema de saúde, de acordo com as suas necessidades, garantindo-lhe, entre outras coisas, livre acesso aos meios de comunicação disponíveis (art. 2º, parágrafo único).

Não obstante as interessantes observações de Paulo Queiroz, há dúvidas quanto a real extensão da Lei Antimanicomial em relação ao plano criminal, pois nesse caso não se cuida de pessoas com meros transtornos mentais, mas de pessoas portadoras de transtorno que praticaram algum fato típico penal. A nosso ver, há significativas dúvidas em saber se devem ser confundidos os diferentes âmbitos, o criminal e o não criminal, pois a este último devem-se acrescentar os reclamos de defesa social.

---

[239] QUEIROZ, Paulo. *Direito Penal – Parte Geral*. 5ª ed. São Paulo: Saraiva, 2009, p. 402-403.

31. Problemas especiais

A investigação a que nos propusemos empreender tem como objeto a capacidade penal, disciplinada na Parte Geral do Código Penal, notadamente em seu art. 26. Porém, neste ponto, pareceu-nos interessante comentar duas formas de incriminação presentes na Parte Especial que possuem em seus tipos penais certa peculiaridade em relação aos sujeitos do delito.

São eles o infanticídio, que envolve problema da condição mental da mãe em estado puerperal, e o estupro contra vulnerável, que tem como vítima o menor de 14 anos e também aquele que, por enfermidade ou deficiência mental, não tem o necessário discernimento para a prática do ato, ou que, por qualquer outra causa, não pode oferecer resistência.

31.1. Estado puerperal e infanticídio

O infanticídio constitui delito *sui generis* ou *delictum exceptum*, ou seja, aparta-se das hipóteses de homicídio qualificado ou privilegiado, que estão vinculados a figura fundamental de tipo de homicídio, vindo a configurar um tipo penal incriminador autônomo. Como ensinava Francisco de Assis Toledo,[240] essas "*variantes* do delito-base podem adquirir um aspecto de total independência do delito de que derivam, constituindo um delito autônomo ou *delictum sui generis* (exemplo: o infanticídio – art. 123)". Com efeito, optou o legislador brasileiro por desvincular o delito de ocisão praticado pela mãe contra o próprio filho, sob influência do estado puerperal, do delito de homicídio em sua forma fundamental (art. 121, *caput*), criando, assim, um crime autônomo.

Numa primeira aproximação,[241] impende salientar que, segundo a Psiquiatria, distingui-se o neonaticídio do filicídio, sendo o primeiro para indicar a ocisão de recém-nascido até o limite de 24 horas, e o segundo quando após esse limite.

Segundo registros, poucas parturientes que cometem neonaticídio são psicóticas, enquanto nas autoras de filicídio, dois terços

---

[240] TOLEDO, Francisco de Assis. *Princípios Básicos de Direito Penal*. 5ª ed. São Paulo: Saraiva, 1994, p. 150.

[241] Vide: SOUZA, Carlos Alberto Crespo de; DAY, Vivian Peres. Psicose Pós-Parto e Filicídio. In: *Psiquiatria forense – 80 anos de prática institucional*. Carlos Alberto Crespo de Souza; Rogério Göttert Cardoso (Orgs.). Porto Alegre: Sulina, 2006, p. 294-295.

sofrem do transtorno. Outrossim, no primeiro grupo foram encontradas manifestações depressivas significativas em 3% do universo de mulheres, ao passo que no segundo grupo, em 71% dos casos. Ainda, no primeiro grupo, não há registros de tentativas de suicídio por parte da mãe, sendo que com relação às filicidas o índice supera a um terço do total de casos.

As neonaticidas cometem o crime por diversas razões, sendo mais comum a paternidade extraconjugal, seguida da gravidez resultante de relacionamento não estável. Outros fatores são juventude da parturiente, pobreza, vergonha ou medo de serem expulsas de casa.

As causas mais significativas de filicídio são depressões anteriores ao nascimento, altruísmo, bem como uma multiplicidade de fatores de estresse psicossociais, como ausência de suporte social ou marital, dificuldades econômicas, estresse familiar e expectativas fantasiosas com relação à maternidade.

Os dados apresentados demonstram que, sobretudo no caso de neonaticídio, na maioria das vezes não há uma relação de causalidade entre redução da capacidade e o resultado morte, e sim a vinculação com outras causas, como, dentre outras, relacionamento extraconjugal. No entanto, no direito penal, na presença da dúvida, há de se julgar *in dubio pro reo*.

Ainda que na Psiquiatria se fale em neonaticídio e em filicídio, aqui nos valeremos da expressão infanticídio.

Como o objetivo do presente trabalho é proceder ao estudo da capacidade penal, pareceu-nos oportuno tratar do crime de infanticídio, visto que em tal delito a condição mental da mãe apresenta alterações.

Eis a dicção do art. 123 do CP:

> Infanticídio
> Art. 123. Matar, sob influência do estado puerperal, o próprio filho, durante o parto ou logo após:
> Pena – detenção, de 2 (dois) a 6 (seis) anos.

O tipo incriminador tem como *bem jurídico* a vida humana, visto que o núcleo do tipo é o dano, a destruição de uma vida.

Sujeito ativo do crime é somente a mãe, desde que "no curso do próprio parto ou imediatamente depois".[242] Trata-se, assim, de *crime*

---

[242] BRUNO, Anibal. *Direito Penal – Parte Especial*. Rio de Janeiro: Forense, 1966, t. IV, p. 148-149.

próprio ou *especial*, por exigir uma qualidade especial do agente. *Sujeito passivo* é o ser humano nascente ou o recém-nascido.

No plano do *tipo objetivo*, o verbo nuclear é "matar". Assim, consiste o crime na ocisão da vida do próprio filho, durante o parto ou logo após, ou seja, no curso do nascimento ou recém nascido.

Não há concordância quanto ao momento em que se dá o início do parto. O estabelecimento do início do parto é de fundamental importância visto que se a morte ocorrer antes do início do parto estaremos diante de um crime de aborto. Para Nelson Hungria,[243] José Frederico Marques[244] e Heleno Fragoso,[245] o início do parto dá-se a partir do período de expulsão, com o rompimento da membrana amniótica. Para Anibal Bruno,[246] Luiz Régis Prado,[247] José Henrique Pierangeli,[248] Márcio Bártoli e André Panzeri,[249] o parto inicia-se com as contrações, com o início da dilatação do colo uterino e com as dores características.

Para nós, ainda que de extrema relevância seja delimitar o conceito de "durante o parto" – até mesmo para divisar o infanticídio do aborto –, é fundamental proceder ao exame mental da agente. Por *estado puerperal*,[250] do ponto de vista médico, consoante Guido Palomba, apoiado em Briquet, entende-se o período compreendido desde a dequitação da placenta até o retorno do organismo materno à condição anterior à gravidez e que dura cerca de seis a oito semanas.[251] O CID-10[252] estabelece em seis semanas subsequentes ao parto.

---

[243] HUNGRIA, Nelson; FRAGOSO, Heleno Cláudio. *Comentários ao Código Penal*. 6ª ed. Rio de Janeiro: Forense, 1981, vol. V, p. 258.

[244] MARQUES, José Frederico. *Tratado de Direito Penal – Parte Especial*. São Paulo: Saraiva, 1961, v. 4º, p. 143.

[245] FRAGOSO, Heleno Cláudio. *Lições de Direito Penal – Parte Especial*. 10ª ed. Rio de Janeiro: Forense, 1988, v. 1, p. 93.

[246] BRUNO, Anibal. *Direito Penal – Parte Especial*. Rio de Janeiro: Forense, 1966, t. IV, p. 150.

[247] PRADO, Luiz Régis. *Curso de Direito Penal Brasileiro – Parte Especial*. 8ª ed. São Paulo: Revista dos Tribunais, 2010,v. 2, p. 77.

[248] PIERANGELI, José Henrique. *Manual de Direito Penal Brasileiro – Parte Especial (arts. 121 a 234)*. São Paulo: Revista dos Tribunais, 2005, p. 101.

[249] In: FRANCO, Alberto Silva *et al*. *Código Penal e sua Interpretação – Doutrina e Jurisprudência*. 8ª ed. São Paulo: Revista dos Tribunais, 2007, p. 659.

[250] PALOMBA, Guido Arturo. *Tratado de Psiquiatria Forense, Civil e Penal*. São Paulo: Atheneu, 2003, p. 207.

[251] Porém, há outro setor doutrinário no campo da obstetrícia que aponta o fim do estado puerperal com o retorno da menstruação, o que ocorreria cinco dias após o parto. Consulte-se: COSTA, Álvaro Mayrink da. *Direito Penal – Parte Especial*. 5ª ed. Rio de Janeiro: Forense, 2001, p. 158.

[252] CID-10, p. 191.

Porém, este não é o período considerado para fins de aperfeiçoamento do tipo, em face da locução "logo após". Magalhães Noronha[253] e Nelson Hungria[254] preconizavam que a expressão, do ponto de vista jurídico-penal, deveria ser entendida como aquela em que a parturiente ainda não tivesse atingido o período de *bonança* e quietação, devendo ser atestado por peritos médicos ou ser averiguada por prova indireta. Guido Palomba[255] afirma que, embora não especificado pelo Código Penal, o prazo a ser considerado deve ser de dez dias. A nosso ver, tal solução não é a melhor. A matemática não pode ter a palavra definitiva. Com acerto, José Henrique Pierangeli,[256] com Mário Carrara, assevera que "a expressão *durante o parto ou logo após* deve ser interpretada, prioritariamente, mais segundo o seu espírito do que segundo a letra; pelo seu significado psicológico e não pelo seu angustiante sentido cronológico".

Por sua vez, para a configuração do infanticídio, o estado puerperal deve levar a parturiente a um estado de perturbação mental. Didática é a Exposição de Motivos da Parte Especial do Código Penal: "40. O *infanticídio* é considerado um *delictum exceptum* quando praticado pela parturiente *sob a influência do estado puerperal*. Esta cláusula, como é óbvio, não quer significar que o puerpério acarrete sempre uma perturbação psíquica: é preciso que fique averiguado ter esta realmente sobrevindo em conseqüência daquele, de modo a diminuir a capacidade de entendimento ou de autoinibição da parturiente. Fora daí, não há por que distinguir entre infanticídio e homicídio. Ainda quando ocorra a *honoris causa* (considerada pela lei vigente como razão de especial abrandamento da pena), a pena aplicável é a de homicídio".

Assim, o estado puerperal deverá afetar o psiquismo da parturiente de modo a reduzir sua capacidade de entendimento ou de autodeterminação. Na lição de Luiz Régis Prado,[257] é "possível que o fenômeno do parto – com suas dores, com a perda de sangue e o esforço muscular que o acompanham – produza na parturiente um estado de perturbação da consciência. De conformidade com

---

[253] NORONHA, E. Magalhães. *Direito Penal*. 25ª ed. atual. por Dirceu de Mello e Eliana Passarelli Lepera. São Paulo: Saraiva, 1987, v. 2, p.44.

[254] HUNGRIA, Nelson; FRAGOSO, Heleno Cláudio. *Comentários ao Código Penal*. 6ª ed. Rio de Janeiro: Forense, 1981, vol. V, p. 265.

[255] PALOMBA, Guido Arturo. *Tratado de Psiquiatria Forense, Civil e Penal*. São Paulo: Atheneu, 2003, p. 207.

[256] PIERANGELI, José Henrique. *Manual de Direito Penal Brasileiro – Parte Especial (arts. 121 a 234)*. São Paulo: Revista dos Tribunais, 2005, p. 102.

[257] PRADO, Luiz Régis. *Curso de Direito Penal Brasileiro – Parte Especial*. 8ª ed. São Paulo: Revista dos Tribunais, 2010,v. 2, p. 77-78.

a orientação adotada pela legislação penal brasileira, é esse estado puerperal que fundamenta o infanticídio enquanto homicídio privilegiado (*delictum exceptum*)". Se houver ausência de culpabilidade por ausência de capacidade não haverá crime, sujeitando-se a agente ao disposto no art. 26 do CP, com suas consequências (imputação inicial do delito de homicídio, absolvição imprópria, medida de segurança). O estado puerperal deflagrador do *delictum exceptum* constitui elemento normativo do tipo extrajurídico, necessitando ser afirmado por perito médico.

O *tipo subjetivo* do delito é tão somente o dolo, direto ou eventual, não admitindo a modalidade culposa, podendo ocorrer, na inobservância do dever de cuidado, o homicídio culposo (CP, art. 121, § 3º).

Tratando-se de crime material (modificação do objeto da conduta) e de dano (destruição do bem jurídico vida), a *consumação* do delito dá-se com a morte do nascente ou do recém-nascido, sendo a *tentativa* possível.

31.2. Estupro de vulnerável em razão de enfermidade ou deficiência mental CP, 217-A, § 1º

O Código Penal, nas Disposições Gerais do Capítulo IV do Título VI da Parte Especial (Dos Crimes contra os Costumes), assim previa:

> Estupro
> Art. 213. Constranger mulher à conjunção carnal, mediante violência ou grave ameaça:
> Pena – reclusão, de 6 (seis) a 10 (dez) anos.
>
> Presunção de violência
> Art. 224. Presume-se a violência, se a vítima:
> *a*) não é maior de 14 (catorze) anos;
> *b*) é alienada ou débil mental, e o agente conhecia esta circunstância;
> *c*) não pode, por qualquer outra causa, oferecer resistência.

Com a edição da Lei nº 12.015/2009, o art. 224 foi revogado, tendo sido introduzido o art. 217-A. Eis a nova redação do art. 213 e do art. 217-A:

> Estupro
> Art. 213. Constranger alguém, mediante violência ou grave ameaça, a ter conjunção carnal ou a praticar ou permitir que com ele se pratique outro ato libidinoso:
> Pena – reclusão, de 6 (seis) a 10 (dez) anos.

§ 1º Se da conduta resulta lesão corporal de natureza grave ou se a vítima é menor de 18 (dezoito) anos ou maior de 14 (catorze) anos:
Pena – reclusão, de 8 (oito) a 12 (doze) anos.

§ 2º Se da conduta resulta morte:
Pena – reclusão, de 12 (doze) a 30 (trinta) anos.

Estupro de vulnerável
Art. 217-A. Ter conjunção ou praticar outro ato libidinoso com menor de 14 (catorze) anos:
Pena – reclusão, de 8 (oito) a 15 (quinze) anos.

§ 1º Incorre na mesma pena quem pratica as ações descritas no *caput* com alguém que, por enfermidade ou deficiência mental, não tem o necessário discernimento para a prática do ato, ou que, por qualquer causa, não pode oferecer resistência.
§ 2º (Vetado.)
§ 3º Se da conduta resulta lesão corporal de natureza grave:
Pena – reclusão, de 10 (dez) a 20 (vinte) anos.

§ 4º Se da conduta resulta morte:
Pena – reclusão, de 12 (doze) a 30 (trinta) anos.

Comparando-se a redação dos dispositivos anteriores à Lei nº 12.015/2009 com a redação atual, observa-se uma ampliação no que tange ao sujeito passivo, visto que, originalmente, somente a mulher poderia ser vítima do delito de estupro. Ao tempo da redação original, João Mestieri[258] assim o definia: "Estupro é a conjunção carnal natural com mulher, contra a sua vontade, por violência, física ou moral, ou sem o seu válido consentimento".

Outrossim, houve alteração no tratamento legal quando a vítima for vulnerável, é dizer: inimputável, tanto em razão da idade como em razão da higidez mental.

Desde logo, pode-se afirmar que o revogado art. 224 não foi feliz em sua redação, visto que se referia à vítima *alienada* ou *débil mental*. A alienada poderia ser entendida como acometida de doença mental. Porém, dúvidas poderiam surgir com relação à expressão *débil mental*, visto que na antiga terminologia, a debilidade mental formava o trinômio debilidade/imbecialidade/idiotia, categorias compreendidas no âmbito da oligofrenia. No entanto, não se justifica o legislador mencionar a vítima débil mental, sem que o fizesse também em relação à imbecilidade e, mais ainda, à idiotia. Lembremos da antiga classificação: a *oligofrenia grave* (QI menor do que 25) a *imbecilidade* (a *oligofrenia moderada*, QI 25-49) e a *debilidade mental* (a *oligofrenia leve*, QI 50-69). Convém lembrar que o legisla-

[258] MESTIERI, João. *Do Delito de Estupro*. São Paulo: Revista dos Tribunais, 1982, p. 18.

dor se referiu justamente à categoria detentora de déficit mais leve, deixando de fora as mais acentuadas.

Outra crítica que pode ser oposta é a presunção[259] definitiva que havia de incapacidade da pessoa "débil mental", numa presunção legal arbitrária. Ora, como vimos, ao examinarmos a capacidade penal no âmbito do art. 26 do CP, há que se verificar se a doença mental, retardo mental ou desenvolvimento mental incompleto, subtraíram a capacidade de entendimento ou de autodeterminação (art. 26, *caput*) do agente ou a reduziram (art. 26, parágrafo único). Assim, não víamos como adequada semelhante presunção, visto que a vítima poderia ter algum grau de retardo e nem por isso ter subtraída sua capacidade de compreensão de modo a alijá-la de qualquer envolvimento amoroso do qual viesse a resultar uma relação sexual.

O art. 217-A, a nosso ver, laborou com melhor técnica por deixar de presumir a violência em face de problemas atinentes à higidez mental, porquanto vincula à enfermidade ou deficiência mental o fato de a vítima, em razão dessas causas, não ter o necessário discernimento para a prática do ato.

No que tange ao *bem jurídico*,[260] o crime de estupro à vulnerável tutela "a liberdade sexual em sentido amplo, especialmente a indenidade ou intangibilidade sexual das pessoas vulneráveis, assim entendidas aquelas que não têm suficiente capacidade de discernimento para consentir de forma válida no que se refere à prática de qualquer ato sexual. São os menores de 14 (catorze) anos, bem como aqueles que, por enfermidade ou deficiência mental, não tem o necessário discernimento para a prática do ato, ou que, por qualquer outra causa, não podem oferecer resistência".

Trata-se de *crime comum*, podendo o *sujeito ativo* ser qualquer pessoa, desde que apta para o ato. Assim, na modalidade delituosa consistente na conjunção carnal, salvo caso de coautoria e ou de participação, o sujeito ativo será apenas o homem, desde que não esteja numa situação de impotência sexual. Relativamente ao *sujeito passivo*, com a alteração do tipo incriminador do estupro, qualquer pessoa agora poderá ser vítima, visto que o tipo abarca, além da conjunção carnal, qualquer ato libidinoso.

---

[259] Sobre o problema da presunção da violência no crime de estupro, consulte-se: SILVEIRA, Renato de Mello Jorge. *Crimes Sexuais – Bases Críticas para a Reforma do Direito Penal Sexual*. São Paulo: Quartier Latin, 2008, p. 210 e ss. Também: FAYET, Fabio Agne. *O Delito de Estupro*. Porto Alegre: Livraria do Advogado, 2011, p. 101 e ss.

[260] PRADO, Luiz Régis. *Curso de Direito Penal Brasileiro – Parte Especial*. 8ª ed. São Paulo: Revista dos Tribunais, 2010,v. 2, p. 623.

O *tipo objetivo* refere-se, na primeira hipótese, à *conjunção carnal*. Trata-se de elemento normativo extrajurídico, devendo aí ser entendida a cópula natural ou, nas palavras de Nelson Hungria,[261] "o ajuntamento do órgão genital do homem com o da mulher, a intromissão do pênis na cavidade vaginal. Não se compreendem, portanto, na expressão legal, o coito anal e a *fellatio in ore*, pois o ânus e a boca não são órgãos genitais".

Diferentemente do que ocorria anteriormente à alteração legal, o tipo incriminador agora compreende o *ato libidinoso*,[262] consistindo em "todo aquele que se apresenta como desafogo (completo ou incompleto) à concupiscência". Acrescentaríamos a esse conceito o fato de o ato libidinoso ser diverso da conjunção carnal. Assim, definimos como ato libidinoso a partir do conceito de Nelson Hungria, como todo o fato libidinoso diverso da conjunção carnal que se apresenta como desafogo, completo ou incompleto, à concupiscência. Constituem atos libidinosos o coito anal, a masturbação, o acariciar de nádegas, vagina ou seios da vítima, contatos voluptuosos, utilização de instrumentos mecânicos ou artificiais, entre outros.

O estupro de vulnerável não reclama – diferentemente do que ocorre com o caso do estupro previsto no art. 213 –, à sua configuração, a manifestação de dissenso por parte da vítima, visto que as vítimas do tipo incriminador do art. 217-A não podem oferecer consentimento válido. Assim, com a concordância da vítima ou sem ela o crime se aperfeiçoa, desde que o sujeito passivo seja menor de 14 anos – caso em que a presunção é *juris et de jure* – ou tratar-se de pessoa que por enfermidade ou deficiência mental não possui o necessário discernimento para a prática do ato – hipótese semelhante à do art. 26 do CP, devendo haver constatação caso a caso –, ou, por qualquer outra causa, não pode oferecer resistência. Nessa última hipótese, segundo Luiz Régis Prado,[263] "o fundamento da disposição legal reside na impossibilidade de o sujeito passivo manifestar seu dissenso, como nos casos de imobilização; em decorrência de enfermidade; idade avançada; sono; hipnose; embriaguez completa; inconsciência pelo uso de drogas, entre outros. É indiferente que a vítima seja colocada em tal estado por provocação do agente, ou que tenha este simplesmente se aproveitado do fato de o ofendido estar previamente impossibilitado de oferecer resistência".

---

261 HUNGRIA, Nelson; FRAGOSO, Heleno Cláudio. *Comentários ao Código Penal*. 5ª ed. Rio de Janeiro: Forense, 1983, v. VIII, p. 105-106.

262 Idem, p. 121.

263 PRADO, Luiz Régis. *Curso de Direito Penal Brasileiro – Parte Especial*. 8ª ed. São Paulo: Revista dos Tribunais, 2010,v. 2, p. 625.

O art. 217-A utiliza a expressão "*ter* conjunção carnal" e também "*praticar* outro ato libidinoso", indicando os verbos nucleares do tipo um comportamento comissivo. Na hipótese de o agente delituoso ter a conjunção carnal e depois praticar outro lado libidinoso – como o coito anal, por exemplo –, estará configurado, na opinião de Luiz Régis Prado,[264] apenas um crime de estupro, em razão de essas condutas amoldarem-se ao mesmo tipo penal. Nesse ponto, ousamos discordar do ínclito professor, porquanto a hipótese é perfeitamente enquadrável na previsão do que dispõe o art. 71 do CP (crime continuado), visto que, ainda que se trate de tipo alternativo, o bem jurídico foi vulnerado de forma reiterada, havendo dupla agressão à vítima. No exemplo, pensamos que o agente, mediante mais de uma ação (conjunção carnal e coito anal), pratica dois crimes da mesma espécie que, pelas condições de tempo, lugar e maneira de execução, deve o segundo comportamento delituoso ser havido como continuação do primeiro, tal como estabelece o prefalado art. 71. A nosso ver, a situação é diversa do que ocorre com o crime de tráfico de drogas, o qual, apesar de também constituir um tipo alternativo, não envolve reiteração agressiva ao bem jurídico, se o sujeito primeiro guarda e depois traz consigo a droga, ambas as ações se dão em torno do mesmo objeto material do delito, mas não afetam o bem jurídico senão em uma só vez. Por outro lado, deve-se se ter em conta o contexto fático, verificando se eventual ato libidinoso não constitui etapa de preparação à conjunção carnal.

A par dos argumentos doutrinários aqui trazidos, o entendimento por nós defendido encontra respaldo em decisão do Supremo Tribunal Federal, da qual colacionamos os seguintes excertos do voto do relator: "Como se vê, a alteração legislativa repercute decisivamente no debate. Ora, se o impedimento para reconhecer a continuidade delitiva entre o estupro e o atentado violento ao pudor residia tão somente no fato de não serem crimes da mesma *espécie*, e entendidos, pela ilustrada, como fatos descritos pelo *mesmo tipo penal*, <u>tal óbice foi removido pela edição da nova lei</u>" (sublinhado nosso). (...). "Isso significa que a nova lei torna possível o reconhecimento da continuidade delitiva entre os antigos delitos de estupro e atentado violento ao pudor, quando praticados nas mesmas circunstâncias, sem prejuízo do entendimento da Corte de reduzir conceitualmente a figura à identidade de *espécie* dos crimes" (STF, HC 86.110, rel. Min. Cezar Peluso, j. 02.03.2010).

---

[264] PRADO, Luiz Régis. *Curso de Direito Penal Brasileiro – Parte Especial*. 8ª ed. São Paulo: Revista dos Tribunais, 2010,v. 2, p. 625-626.

O *tipo subjetivo* é o dolo, exigindo do agente a presença do elemento cognitivo e também do volitivo, não sendo possível a modalidade culposa. Para um setor doutrinário, sendo esse o escólio de João Mestieri[265] e de Alberto Silva Franco[266] e Tadeu Antonio Dix Silva, despiciendo se faz a presença de elemento subjetivo especial, sendo suficiente o dolo genérico. Nesses termos, torna-se indiferente o fato de o agente praticar o fato por motivo lascivo ou de vingança, por exemplo. Posição diversa é sustentada por Luiz Régis Prado,[267] para quem, no delito de estupro, deve haver a confluência do dolo genérico e do "*elemento subjetivo do injusto* consistente em particular tendência ínsita no sujeito ativo, 'que se identifica com a tendência de envolver a outra pessoa em um contexto sexual'".

A *consumação* se perfaz com a cópula carnal, ainda que de forma parcial, bem como a realização do ato libidinoso objetivado pelo agente. A *tentativa* é perfeitamente possível, como no caso em que o agente levando a vítima a um local ermo e, no momento em que começa a se despir para a consecução do ato, é surpreendido por policiais que o prendem em flagrante.

Os §§ 3º e 4º preveem *formas qualificadas* para o delito, crimes qualificados pelo resultado. Assim, se resulta lesão corporal grave, a pena será de reclusão de dez a vinte anos (§ 3º), ao passo que se a vítima vem a morrer (§ 4º), a pena será de reclusão de doze a trinta anos. Note-se que aqui se trata de resultado atribuível a título de culpa ao agente, ou seja, caso de preterdolo ou preterintencionalidade, porquanto se a morte for desejada pelo agente ou mesmo aceita, estaremos diante de concurso material. Não ausência de dolo ou culpa, o resultado de lesões graves ou de morte não são imputáveis ao agente, não caracterizando delito qualificado pelo resultado ou concurso material nos moldes antes referidos. Assim, se o agente mantém relação sexual com determinada vítima e está, ato contínuo, ao levantar da cama, escorrega e quebra, por consequência, o braço, não há atribuir-se esse resultado ao agente, consoante o disposto no art. 19 do CP.

Prevê, ainda, o art. 234-A aumento de metade da pena, quando da prática do crime resultar gravidez (inc. III), ou de um sexto até metade, se o agente transmite à vítima doença sexualmente trans-

---

[265] MESTIERI, João. *Do Delito de Estupro*. São Paulo: Revista dos Tribunais, 1982, p. 91.

[266] In: FRANCO, Alberto Silva *et al. Código Penal e sua Interpretação – Doutrina e Jurisprudência*. 8ª ed. São Paulo: Revista dos Tribunais, 2007, p. 1.027.

[267] PRADO, Luiz Régis. *Curso de Direito Penal Brasileiro – Parte Especial*. 8ª ed. São Paulo: Revista dos Tribunais, 2010,v. 2, p.603 e 625.

missível de que sabe ou deveria saber ser portador. Afora essas hipóteses qualificadas ou agravadoras da pena, tem-se a pena de reclusão de oito a quinze anos.

Por derradeiro, de anotar-se que o crime de estupro contra vulneráveis constitui crime hediondo (Lei nº 8.072/90, art. 1º, inc. VI), tanto nas formas simples quanto nas qualificadas, sendo insuscetível de anistia, graça, indulto e fiança (CF, art. 5º, inc. XLIII; Lei nº 8.072/90, art. 2º, inc. I e II). A ação penal é pública incondicionada (CP, art. 225, parágrafo único), com o trâmite do processo em segredo de justiça (CP, art. 234-B), isso em resguardo à pessoa da vítima.

Conclusão

No decorrer do texto, o leitor irá perceber as diversas conclusões por nós assumidas nos vários pontos tratados. Assim sendo, não faremos aqui uma articulação de modo a rever as tantas indagações e soluções propostas.

Sinteticamente, a destacar as principais concepções adotadas, concluímos:

A culpabilidade representa o aspecto ético do delito, sem a qual, prestigiando-se a dignidade da pessoa humana, bem como a ordem axiológica constitucional e seus princípios, o fato-crime não subsiste.

Não concebemos um ser humano manietado, subjugado em suas ações. Com Luiz Régis Prado,[268] adotamos a perspectiva da liberdade. Para este último autor, *o conceito material de culpabilidade deve ser coerente com o conceito de ser humano que inspira o texto constitucional, em uma concepção do homem como pessoa, como ser responsável, capaz de autodeterminação segundo critérios normativos. O conceito de liberdade aqui manejado é um conceito normativo e não metafísico, conforme à Constituição. Trata-se de alicerçar, em termos substanciais, a culpabilidade no reconhecimento da dignidade da pessoa humana, considerando-a como ser livre e responsável, valores imanentes à sociedade democrática, também pela concepção do ser humano da moderna Antropologia e Psicologia comparada, assim também, pelo reconhecimento da liberdade da vontade na realidade social, objeto de regulação jurídica.* Com Virgílio de Jesus Miranda Carvalho,[269] entendemos,[270] numa concepção constitucional, que todo o ser humano no gozo de suas faculdades

[268] Excertos em: PRADO, Luiz Regis. *Curso de Direito Penal Brasileiro – Parte Geral.* 8ª ed. São Paulo: Revista dos Tribunais, 2008, v. 1, p. 375.

[269] CARVALHO, Virgílio de Jesus Miranda. *Os Valores Constitucionais Fundamentais: Esboço de uma Análise Axiológico-Normativa.* Coimbra: Coimbra Editora, 1982, p. 12.

[270] SILVA, Ângelo Roberto Ilha da. *Dos Crimes de Perigo Abstrato em face da Constituição.* São Paulo: Revista dos Tribunais, 2003, p. 49.

mentais possui como características fundamentais "a *liberdade*, a *autodeterminação* e a *responsabilidade*".

Por tais razões, a regra é a da imputabilidade!

Por derradeiro, asseveramos que não há que se relutar em proceder a uma revisão de concepções antes tidas como verdadeiros dogmas, ante os avanços da Psicopatologia e da Antropologia. Assim, não se pode tratar um epilético simplesmente como um neurótico, um homossexual como um psicopata ou um indígena como tendo déficit de capacidade, só pelo fato de ser indígena. Tais concepções encontram-se hoje superadas.

Bibliografia

ALIBRANDI, Luigi. *Il Codice Penale Commentato per Articolo con la Giurisprudenza*. 8ª ed. Piacenza: Casa Editrice La Tribuna, 1998.

ALVES, Roque de Brito. *Crime e Loucura*. Recife: Fundação Antonio dos Santos Abranches, 1998.

ANDREASEN, Nancy C.; BLACK, Donald W. *Introdução à Psiquiatria*. 4ª ed. Trad. Magda França Lopes e Cláudia Dornelles. Porto Alegre: Artmed, 2009.

ANTOLISEI, Francesco. *Manuale di Diritto Penale – Parte Generale*. 30ª ed. (a cura di Luigi Conti). Milano: Giuffrè, 1994.

BALTAZAR JÚNIOR, José Paulo. *Crimes Federais*. 9ª ed. São Paulo: Saraiva, 2014.

BATISTA, Nilo. *Concurso de Agentes*: uma Investigação sobre os Problemas da Autoria e da Participação no Direito Penal Brasileiro. 2ª ed. Rio de Janeiro: Lumen Juris, 2004.

——. Notas Históricas sobre a Teoria do Delito no Brasil. *Ciências Penais – Revista da Associação Brasileira de Professores de Ciências Penais*. São Paulo, ano 1, v. 1, jul./ dez. 2004, p. 130 (na nota nº 118).

BECKHAUSEN, Marcelo Veiga. *O Reconhecimento Constitucional da Cultura Indígena*. São Leopoldo: Unisinos, 2000 (dissertação de mestrado).

BENGOA, Fernando Bayardo. *Derecho Penal Uruguayo*. 2ª ed. Montevideo: Centro Estudiantes de Derecho, 1968, t. II.

BETTIOL, Giuseppe; MANTOVANI, Luciano Pettoello. *Diritto Penale*. 12ª ed. Padova: CEDAM, 1986.

BITENCOURT, Cezar Roberto. *Manual de Direito Penal – Parte geral*. 5ª ed. São Paulo: Revista dos Tribunais, 1999.

——. *Teoria Geral do Delito*: Uma Visão Panorâmica da Dogmática Penal Brasileira. Coimbra: Coimbra Editora, 2007.

BLAIR, R; James R. Neurobiogical basis of psychopathy. In: *British Journal of Psychiatry*. Nº 182, p. 5-7 (Editorial).

BOCKELMANN, Paul; VOLK, Klaus. *Direito Penal – Parte Geral*. Belo Horizonte: Del Rey, 2007.

BOSCHI, José Antonio Paganella. *Das Penas e seus Critérios de Aplicação*. 3ª ed. Porto Alegre: Livraria do Advogado, 2004.

BRANDÃO, Cláudio. *Curso de Direito Penal – Parte Geral*. Rio de Janeiro: Forense, 2008.

——. *Teoria Jurídica do Crime*. 2ª ed. Rio de Janeiro: Forense, 2002.

BRUNO, Anibal. *Direito Penal – Parte Geral*. 3ª ed. Rio de Janeiro: Forense, 1978, t. I.

——. *Direito Penal* – Parte Geral. 3ª ed. Rio de Janeiro: Forense, 1967, t. II e III.

——. *Direito Penal* – Parte Especial. Rio de Janeiro: Forense, 1966, t. IV.

BUSTOS RAMÍREZ, Juan *et al*. *Texto y Comentario del Codigo Penal Chileno* (dirigida por Sergio Politoff Lifschitz y Luis Ortiz Quiroga; Jean Pierre Matus Acuña (Coord.). Santiago: Editorial Juridica de Chile, 2003.

CALLEGARI, André Luís. *Teoria Geral do Delito*. Porto Alegre: Livraria do Advogado, 2005.

CARVALHO, Américo A. *Taipa de. Direito Penal – Teoria geral do crime*. Porto: Publicações Universidade Católica, 2004.

CARVALHO, Virgílio de Jesus Miranda. *Os Valores Constitucionais Fundamentais*: Esboço de uma Análise Axiológico-Normativa. Coimbra: Coimbra Editora, 1982.

CASTANHEIRA NEVES. A. *Metodologia Jurídica – Problemas Fundamentais*. Coimbra: Coimbra Editora, 1993.

CEREZO MIR, Jose. *Curso de Derecho Penal Español* – Parte General. 6ª ed. Madrid: Tecnos, 2004, v. I.

——. *Curso de Derecho Penal Español* – Parte general. Madrid: Tecnos, 2001 (4ª reimpresión 2004), v. III.

CLASSIFICAÇÃO DE TRANSTORNOS MENTAIS E DE COMPORTAMENTO DA CID-10: Descrições Clínicas e Diretrizes Diagnósticas – Coord. Organização Mundial da Saúde. Trad. Dorgival Caetano. Porto Alegre: Artes Médicas, 1993.

CLECKLEY, Hervey. *The Mask of Sanity*. 5ª ed. Saint Louis: The C. V. Mosby Company, 1976.

COLAÇO, Thaís Luzia. *Incapacidade Indígena*: Tutela Religiosa e Violação do Direito Guarani nas Missões Jesuíticas. Curitiba: Juruá, 1999.

CORREIA, Eduardo. *Direito Criminal*. Coimbra: Livraria Almedina, 1971, v. I.

COSTA, Álvaro Mayrink da. *Direito Penal – Parte Especial*. 5ª ed. Rio de Janeiro: Forense, 2001.

DALGALARRONDO, Paulo. *Psicopatologia e Semiologia dos Transtornos Mentais*. 2ª ed. Porto Alegre: Artmed, 2008.

DAVIDOFF, Linda L. *Introdução à Psicologia*. 3ª ed. Trad.Lenke Peres; revisão técnica José Fernando Bittencourt Lômaco. São Paulo: Pearson Makron Books, 2001.

DELMANTO, Celso *et al*. *Código Penal Comentado*. 6ª ed. Rio de Janeiro: Renovar, 2002.

DIAS, Jorge de Figueiredo. *Direito Penal Português* – As Consequências Jurídicas do Crime. Lisboa: Aequitas, 1993.

——. *Temas Básicos da Doutrina Penal* – Sobre os Fundamentos da Doutrina Penal – Sobre a Doutrina Geral do Crime. Coimbra: Coimbra Editora, 2001.

DORSCH, Friedrich; HÄCKER, Hartmut; STAPF, Kurt-Hermann. *Dicionário de Psicologia Dorsch*. Petrópolis: Vozes, 2001.

DOTTI, René Ariel. *Curso de Direito Penal – Parte Geral*. 2ª ed. Rio de Janeiro: Forense, 2004.

ELLENBERGER, Henri F. *Histoire de la Découverte de L'Inconscient*. Trad. de l'anglais par Joseph Feisthauer. Paris: Libraire Arthème Fayard, 1994.

ETCHEBERRY, Alfredo. *Derecho Penal – Parte General*. 3ª ed. Santiago: Editorial Juridica de Chile, 1998.

FAYET, Fabio Agne. *O Delito de Estupro*. Porto Alegre: Livraria do Advogado, 2011.

FAYET JÚNIOR, Ney; FAYET, Marcela; BRACK, Karina. *Prescrição Penal – Temas Atuais e Controvertidos*. Porto Alegre, 2007.

FERRAJOLI, Luigi. *Diritto e Ragione – Teoria del Garantismo Penal*. 4ª ed. Roma-Bari: Laterza, 1996.

FERRARI, Eduardo Reale. *Medidas de Segurança e Direito Penal no Estado Democrático de Direito*. São Paulo: Revista dos Tribunais, 2001.

FRAGOSO, Heleno Cláudio. *Direito Penal e Direitos Humanos*. Rio de Janeiro: Forense, 1977.

——. *Lições de Direito Penal – Parte Geral*. 12ª ed. rev. e atualizada por Fernando Fragoso. Rio de Janeiro: Forense, 1990.

——. *Lições de Direito Penal – Parte Especial*. 10ª ed. Rio de Janeiro: Forense, 1988, v. 1.

FRANCES, Allen. *Saving Normal*. New York: William Morrow, 2013.

FRANCO, Alberto Silva *et al*. *Código Penal e sua Interpretação Jurisprudencial – Parte Geral*. 7ª ed. São Paulo: Revista dos Tribunais, 2001, v. 1.

GALVÃO, Fernando; GRECO, Rogério. *Estrutura Jurídica do Crime*. Belo Horizonte: Mandamentos, 1999.

GARCÍA-PABLOS DE MOLINA, Antonio. *Introducción al Derecho Penal*. Madrid: Editorial Universitaria Ramón Areces, 2005.

GOMES, Hélio. *Medicina Legal*. 27ª ed. Rio de Janeiro: Freitas Bastos, 1989.

GOMES, Luiz Flávio. *Direito Penal – Parte Geral – Teoria Constitucionalista do Delito*. São Paulo: Revista dos Tribunais, 2004.

GRACIA MARTÍN, Luis *et al*. *Tratado de las Consecuencias Jurídicas del Delito*. Valencia: Tirant lo Blanch, 2006.

GRECO FILHO, Vicente. *Manual de Processo Penal*. 5ª ed. São Paulo: Revista dos Tribunais, 1998.

HARE, Robert D. *Without Conscience – The Disturbing World of the Psychopaths among us*. New York/London: The Guilford Press, 1999.

HERINGER JÚNIOR, Bruno. A imputabilidade Penal do Índio. *Revista da AJURIS*. Porto Alegre, nº 73, p. 150-157, jul. 1998.

HOLANDA, Sérgio Buarque de. *Raízes do Brasil*. 26ª ed. São Paulo: Companhia das Letras, 1995.

HUNGRIA, Nelson; FRAGOSO, Heleno Cláudio. *Comentários ao Código Penal*. 6ª ed. Rio de Janeiro: Forense, 1980, v. I, t. I.

——. *Comentários ao Código Penal*. 5ª ed. Rio de Janeiro: Forense, 1978, v. I, t. II.

——. *Comentários ao Código Penal*. Rio de Janeiro: Forense, 1951, v. III.

——. *Comentários ao Código Penal*. 6ª ed. Rio de Janeiro: Forense, 1981, v. V

——. *Comentários ao Código Penal*. 5ª ed. Rio de Janeiro: Forense, 1983, v. VIII.

JESCHECK, Hans-Heinrich; WEIGEND, Thomas. *Lehrbuch des Strafrechts – Allgemeiner Teil*. 5ª ed. Berlin: Ducnker & Humblot, 1996..

JESUS, Damásio E. de. *Direito Penal – Parte Geral*. 28ª ed. São Paulo: Saraiva, 2005.

——. *Lei das Contravenções Penais Anotada*. 8ª ed. São Paulo: Saraiva, 2001.

JORGE, Wiliam Wanderley. *Curso de Direito Penal – Parte Geral*. 7ª ed. Rio de Janeiro: Forense, 2005, v. I.

KAPLAN, Harold I.; SADOCK, Benjamin J. *Tratado de Psiquiatria*. 6ª ed. Tradução Andrea Caleffi, Dayse Batista, Irineo C. S. Ortiz, Maria Rita Hofmeister e Sandra de Camargo Costa. Porto Alegre: Artmed, 1999, v. 1.

LANDROVE DÍAZ, Gerardo. *Las Consecuencias Jurídicas del Delito*. 4ª ed. Madrid: Tecnos, 1996.

LIMA, Marcellus Polastri. *Curso de Processo Penal*. Rio de Janeiro: Lumen Juris, 2006, v. III.

LOPES JR., Aury. *Direito Processual Penal e sua Conformidade Constitucional*. 3ª ed. Rio de Janeiro: Lumen Juris, 2010.

LUTZ, Guálter Adolfo. A Responsabilidade Criminal no Novo Código Penal. In: *Revista Forense*. Rio de Janeiro, v. 38, nº 88, p. 34-66, out. 1941.

MACHADO, Fábio Guedes de Paula. *Culpabilidade no Direito Penal*. São Paulo: Quartier Latin, 2010.

MANTOVANI, Ferrando. *Diritto Penale*. 3ª ed. Padova: CEDAM, 1992.

MARCONI, Marina de Andrade; PRESOTTO, Zelia Maria Neves. *Antropologia – Uma Introdução*. 7ª ed. São Paulo: Atlas, 2009.

MARCZYNSKI, Solange Rita. Índios: Temas Polêmicos. *Revista de Informação Legislativa*. Brasília, v. 28, nº 111, p. 321-334, jul./set. 1991.

MARQUES, José Frederico. *Tratado de Direito Penal – Parte Geral*. 2ª ed. São Paulo: Saraiva, 1965, v. 2º.

——. *Tratado de Direito Penal – Parte Especial*. São Paulo: Saraiva, 1961, v. 4º.

MENEZES, Ruben de Souza. Psicoses esquizofrênicas. In: *Psiquiatria Forense – 80 anos de Prática Institucional*. Carlos Alberto Crespo de Souza; Rogério Göttert Cardoso (Orgs.). Porto Alegre: Sulina, 2006.

MESTIERI, João. *Do Delito de Estupro*. São Paulo: Revista dos Tribunais, 1982.

——. *Manual de Direito Penal*. Rio de Janeiro: Forense, 1999, v. I.

MUÑOZ CONDE, Francisco; GARCÍA ARÁN, Mercedes. *Derecho Penal – Parte General*. 5ª ed. Valencia: Tirant lo Blanch, 2002.

NORONHA, E. Magalhães. *Direito Penal – Introdução e Parte Geral*. 25ª ed. atual. por Adalberto José Q. São Paulo: Saraiva, 1987, v. 1.

——. *Direito Penal*. 25ª ed. atual. por Dirceu de Mello e Eliana Passarelli Lepera. São Paulo: Saraiva, 1991, v. 2.

NOVOA MONREAL, Eduardo. *Curso de Derecho Penal Chileno – Parte General*. 3ª ed. Santiago: Editorial Juridica de Chile, 1960, t. I.

OLIVEIRA, Edmundo. *Comentários ao Código Penal – Parte Geral*. 3ª ed. Rio de Janeiro: Forense, 2005.

OLIVEIRA, Eugênio Pacelli de. *Curso de Processo Penal*. 13ª ed. Rio de Janeiro: Lumen Juris, 2010.

PALOMBA, Guido Arturo. *Tratado de Psiquiatria Forense, Civil e Penal*. São Paulo: Atheneu, 2003.

PIEDADE JÚNIOR, Heitor. Personalidade Psicopática, Semi-Imputabilidade e Medida de Segurança. Rio de Janeiro: Forense, 1982.

PIERANGELI, José Henrique. *Escritos Jurídico-Penais*. 3ª ed. São Paulo: Revista dos Tribunais, 2006.

——. Manual de Direito Penal Brasileiro – Parte Especial (arts. 121 a 234). São Paulo: Revista dos Tribunais, 2005.

PINEL, Philippe. *Traité Médico-Philosophique sur L'Alienation Mentale*. 2ª ed. Paris: Brosson, 1809.

PRADO, Luiz Régis. *Curso de Direito Penal Brasileiro* – Parte geral. Curso de Direito Penal Brasileiro – Parte Geral. 8ª ed. São Paulo: Revista dos Tribunais, 2008, v. 1

PURVES, Dale *et al*. *Neurociências*. 2ª ed. Trad. Carla Dalmaz *et al*. Porto Alegre: Artmed, 2005.

QUEIROZ, Narcélio. *Teoria da "Actio Libera in Causa" e Outras Teses*. Rio de Janeiro: Forense, 1963.

QUEIROZ, Paulo. *Direito Penal – Parte Geral*. 5ª ed. São Paulo: Saraiva, 2009.

REALE JÚNIOR, Miguel. *Instituições de Direito Penal*. 2ª ed. Rio de Janeiro: Forense, 2004, vols. I e II.

—— *et al*. *Penas e Medidas de Segurança no Novo Código*. 2ª ed. Rio de Janeiro: Forense, 1987.

RIBEIRO, Darcy. *Os Índios e a Civilização* – A Integração das Populações Indígenas no Brasil Moderno. 7ª ed. São Paulo: Companhia das Letras, 1996.

ROXIN, Claus. *Strafrecht Allgemeiner Teil*. 4ª ed. München: Beck, 2006, v. I.

SADOCK, Benjamin James; SADOCK, Virginia. *Compêndio de Psiquiatria – Ciência do Comportamento e Psiquiatria Clínica*. 9ª ed. Trad. Cláudia Dornelles *et al*. Porto Alegre: Artmed, 2007.

SANGUINÉ, Odone. *Prisão Cautelar, Medidas Alternativas e Direitos Fundamentais*. Rio de Janeiro: Forense, 2014.

SANTOS, Juarez Cirino dos. *A Moderna Teoria do Fato Punível.* 4ª ed. Rio de Janeiro: ICPC/ Lumen Juris, 2005.

——. *Teoria da Pena*: Fundamentos Políticos e Aplicação Judicial. Rio de Janeiro: ICPC/Lumen Juris, 2005.

SARRULLE, Oscar E. J.; CARAMUTI, Carlos S. *Código Penal – Parte general – Interpretación Sistemática – Doctrina – Jurisprudencia.* Buenos Aires: Editorial Universidad,1992.

SENRA, Ana Heloisa. *Inimputabilidade – Conseqüências Clínicas sobre o Sujeito Psicótico.* São Paulo/Belo Horizonte: Annablume/FUMEC, 2004.

SHORTER, A. *History of Psychiatry: From the Era of the Asylum to the Age of Prozac.* New York: John Wiley & Sons, 1997.

SILVA, Ana Beatriz Barbosa. *Mentes Perigosas – O Psicopata Mora ao Lado.* Rio de Janeiro: Objetiva, 2008.

SILVA, Ângelo Roberto Ilha da. *Dos Crimes de Perigo Abstrato em face da Constituição.* São Paulo: Revista dos Tribunais, 2003.

——. Incidentes processuais, In: *Código de Processo Penal Comentado.* Marcus Vinicius Boschi (Org.). Porto Alegre: Livraria do Advogado, 2008.

SILVA, Ângelo Roberto Ilha; HODARA, Ricardo Holmer. Semi-imputabilidade, Neurose e a Teoria dos Eixos. In: *Revista de Ciências Jurídicas/Universidade Estadual de Maringá, Curso de Doutrina em Direito.* V. 6, nº 1, jan.-jun. 2008.

SILVA, David Medina da. Sentença, In: *Código de Processo Penal Comentado.* Marcus Vinicius Boschi (Org.). Porto Alegre: Livraria do Advogado, 2008

SILVA, Germano Marques da. *Direito Penal Português – Parte geral – Teoria do crime.* Lisboa: Verbo, 1998.

SILVEIRA, Renato de Mello Jorge. *Crimes Sexuais – Bases Críticas para a Reforma do Direito Penal Sexual.* São Paulo: Quartier Latin, 2008.

SOLER, Sebastián. *Derecho Penal Argentino.* 5ª ed. Atualizador Guillermo J. Fierro. Buenos Aires: Tipografica Editora Argentina (TEA), 1987, v. 2.

SOUZA, Carlos Alberto Crespo de; DAY, Vivian Peres. Psicose Pós-Parto e Filicídio. In: *Psiquiatria forense – 80 anos de prática institucional.* Carlos Alberto Crespo de Souza; Rogério Göttert Cardoso (Orgs.). Porto Alegre: Sulina, 2006.

STRATENWERTH, Günter; KUHLEN, Lothar. *Strafrecht – Allgemeiner Teil – Die Straftat.* 5ª ed. Berlin: Carl Heymanns Verlag, 2004.

TANGERINO, Davi de Paiva Costa. *Culpabilidade.* 2ª ed. São Paulo: Saraiva, 2014.

TAVARES, Juarez. *Teorias do Delito (Variações e Tendências).* São Paulo: Revista dos Tribunais, 1980.

TEITELBAUM, Paulo Oscar. Transtorno de personalidade anti-social. In: *Psiquiatria Forense – 80 anos de Prática Institucional.* Carlos Alberto Crespo de Souza; Rogério Göttert Cardoso. (Orgs.) Porto Alegre: Sulina, 2006.

TEOTÔNIO, Luís Augusto Freire. *Culpabilidade – Concepções e Modernas Tendências Internacionais e Nacionais.* Campinas: Minelli, 2002.

TRINDADE, Jorge; BEHEREGARAY, Andréa; CUNEO, Mônica Rodrigues. *Psicopatia: A Máscara da Justiça.* Porto Alegre: Livraria do Advogado, 2009.

URRUELA MORA, Asier. *Imputabilidad Penal y Anomalía o Alteración Psíquica: La Capacidad de Culpabilidad Penal a la Luz de los Modernos Avances en Psiquiatría y Genética.* Bilbao: Comares, 2004.

URZÚA, Enrique Cury. *Derecho Penal – Parte General.* 8ª ed. Santiago: Ediciones Universidad Católica de Chile, 2005.

VARGAS, José Cirilo. *Instituições de Direito Penal – Parte Geral.* Belo Horizonte: Del Rey, 1997, t. I.

VASCONCELLOS, Silvio José Lemos *et al*. A Semi-Imputabilidade sob o Enfoque da Neurociência Cognitiva. In: *Revista de Estudos Criminais*. Porto Alegre: Notadez. Ano IX, nº 34, p. 57-67, jul.-set. 2009.

WELZEL, Hans. *Das Deutsche Strafrecht*. 11ª ed. Berlin: Walter de Gruyter & Co., 1969.

——. *O Novo Sistema Jurídico-Penal: Uma Introdução à Doutrina da Ação Finalista*. Trad. Luiz Régis Prado. São Paulo: Revista dos Tribunais, 2001.

YOUNG, Allan. *The Harmony of Illusions: Inventing Post-Traumatic Stress Disorder*. New Jersey: Princetown, 1995.

ZAFFARONI, Eugenio Raúl; ALAGIA, Alejandro; SLOKAR, Alejandro. *Derecho Penal – Parte General*. 2ª ed. Buenos Aires: Ediar, 2002.

ZORATTO, Pedro Henrique Iserhard; MARKUS, Ricardo Luiz Engel. Retardo mental. In: *Psiquiatria Forense – 80 anos de Prática Institucional*. Carlos Alberto Crespo de Souza; Rogério Göttert Cardoso (Orgs.). Porto Alegre: Sulina, 2006.

Impressão:
Evangraf
Rua Waldomiro Schapke, 77 - POA/RS
Fone: (51) 3336.2466 - (51) 3336.0422
E-mail: evangraf.adm@terra.com.br